青春文庫

自分の運命に楯《たて》を突け

岡本太郎

青春出版社

もっと平気で、自分自身と対決するんだ。
こんなに弱い、なら弱いまま、
ありのままで進めば
逆に勇気が出てくるじゃないか。

自分の運命に楯《たて》を突け　目次

第一章　もっと「自分」をつらぬいてみないか

第四章　下手でも自分自身の歌を歌えばいいんだ

第五章　キミ自身と闘って、どう勝つかだ

構成・監修　平野暁臣（岡本太郎記念館館長）

第一章

もっと「自分」をつらぬいてみないか

絶望だからおしまいなんじゃない。そこからはじまるんだ

キミも自分の運命と闘え

人間はいつでも、周囲のさまざまな状況に対して抵抗を感じ、孤独を感じるものだ。ぼくは寂しいからこそ、人生がおもしろくなると思って生きている。たとえ両親が健在でも、兄弟があろうがなかろうが、人間存在そのものの底にある孤愁《こしゅう》、それが寂しさだ。むしろ、両親がいたり兄弟がいたほうが強烈な寂しさを感じるかもしれないな。

人間は肉親とか群れとか集団とか——それを大きく考えれば国家にもなるけれど、そういうものに頼ろうとすると、むなしくなる。肉親や群れ、集団のなかにいるほうが、逆に孤独感を感じるんだよ。

人間は本来、孤独だ。

だれもが孤独で、たとえ集団のなかにいて、いいポストを与えられていても孤独だ。

むしろいいポストを与えられている者ほど孤独だね。

そういうところから、どう生きがいを見つけていったらいいのか。

生きがいは自分の運命と闘うことだ。

寂しい寂しいというのは、自分に甘ったれてごまかしているだけだ。それじゃあほんとうの闘いはできない。

生きることは寂しい。

おもしろいじゃないか。ならばオレはやってやろうと思えば、自然と生きがいが湧いてくる。キミもそういうふうに発想を変えてみたらどうだい。

寂しいということは生きがいを見つける素晴らしいきっかけであり、エネルギーだと思えば、勇気が湧いてくるだろう。

絶望のなかに生きることがおもしろい

人間の世界は絶望的だ。

でも、だからダメだと考えず、その絶望のなかに生きることこそがおもしろいと思って生きる以外にない。それがほんとうの生きがいになる。ただ悲しがっていたって仕方がないからね。

絶望的な状況はもはや直らない。

いまは文明が発達してすべてが機械化されているし、生活もいろいろな意味で保証されている。大昔の人間と比べれば、いまの生活のほうがはるかに安泰だ。狩猟時代の人類は自然や獣の脅威にさらされ、食うために絶えず闘っていかなければならなかった。飢えに直面しながら自分の頭脳と腕をフルに働かせる闘いだ。

それに比べれば、農耕がはじまって人間生活は安定した。そのかわりに社会は体制化され、階級ができたり、権力支配とかさまざまの矛盾した制約が人間を縛るようになった。

体制を維持していくためには、どうしても純粋だけではいかないんだな。組織悪というか、人間の自由をせばめる。悲劇的だけれど、それがいわゆる文明社会の運命だと思うしかない。

いまはだれもが食うには困らない。しかしそのかわり、社会のシステム化にただ振りまわされて、己れ自身を失って生きているじゃないか。一人ひとりが純粋に〝人間〟として生きる社会なんて、これからますます遠のいていくだろう。

昔とちがってなま身で生きていないからだ。これから人間はますますむなしくなり、いろいろなかたちで絶望的な状況は増すと思う。しかし、それにめげてしまってはおしまいだ。絶望的な状況を逆手にとって、そのなかで自分を活かすんだ。

ぼくはそういう生き方をつらぬいている。

才能を超えた決意の凄み

自分でやりたいことがあっても、ほとんどの人ができないでいる。それどころか、自分からやらないようにしてしまっている。

できないんじゃない。自分でやらないと決めているんだ。自分には才能がない、自分は能力がないからと。

能力があるかないかなんて、だれにもわからない。自分を賭けることで力が出てくるのであって、能力の限界を考えていたらなにもできやしないよ。むしろ能力のないほうが素晴らしいんだ、と平気で闘えば、逆に能力がひらいてくる。

自分に能力がないと思うことは、素晴らしいことなんだ。

いいかい、人類ははばたいて飛ぶことはできなかったし、動物のように速く走ることもできなかった。キバもないし、鋭い爪もない。生活のなかでの能力は、まったく惨めな弱い生きものだったにちがいない。

だから、空を飛ぶとか、速く走ることができないということに運命を賭けた。

人間は動物のような能力をもっていない。だから生活をひらく夢、その道具を発明して文化を創り出した。近代になると、鳥や動物以上に飛び、走るものを発明したじゃないか。

自分に能力がないなんて決めて、引っこんでしまってはダメだ。なければなおいい、いままで世の中で能力とか才能なんて思われていたものを超えた、決意の凄みを見せてやるというつもりでやればいいんだよ。

自分で勝手にあきらめて、無難な道を進んで、そのくせ、もしあのときあきらめずにやりたかったことをやっていれば、なんて一生、恨みったらしく未練を残している。そんなの、つまらないじゃないか。

個人差なんてない。人間はやろうと決意するかしないかだ。それだけで差が出てくるんだ。

毎朝が人生のはじまり

決意とは自分の人生のすべてを賭けてくだす行動だ。なまやさしいもんじゃない。ぼくは毎朝毎朝、生まれ変わった気持ちで迎えている。毎朝が自分の人生のはじまりだと思って人生を賭けている。

一年の計は元旦にあり――なんていうけれど、そんなものは形式にすぎない。そんな形式にとらわれちゃいけない。一年の計でなく、一生の計は、三百六十五日毎日毎日、自分の存在の前にあることを知るべきだ。人間は瞬間瞬間に生きるんであって、瞬間瞬間に決意していかなければならないものなんだ。

もし計画を実行したければ、元旦にスタートを置くなんていう手ぬるいんじゃなく、毎朝にスタートラインを引くべきだ。だいいち元旦にスタートを決めるなんて、闘いが感じられないじゃないか。

だいたい、いまの若者は、食べていくとか、要領よくやるということには自信があるかもしれないが、ほんとうの生き方についてはあきらめてしまっている。

人生の目標や生きがいを訊かれて、〝いまはまだ模索中〟なんて言ってる。〝いまはまだ〟とか、〝いずれまた〟というのが、つまらないゴマカシなんだよ。

大切なことは、いま現在の〝時点〟だ。たとえキミが探しているものが具体的でなくても、自分のスジはピシャッとあるわけだろ? それを自分自身に言って聞かせることが大切なんだ。

漠然と社会のためにつくしたい、なんて考えていてはダメだ。漠然なんて表現は、ごまかしにすぎない。いま漠然としているから、永遠に漠然としちゃうんだよ。具体的な夢を、いまもってないと。

俗な意味での夢なんてなくても、こうしなければ、というスジはあるわけだろう。それが具体的な夢だ。いまはそのスジさえ考えていないじゃないか。人生はこう生きていくんだという考えをもつことを若い人たちは忘れてしまって、目先のことだけにとらわれている。

ぼくは、五つ、六つのときから、人生はこう生きていくんだという考えをもっていた。スジをもっていたんだ。

自信なんて気にするな

毎日の生活のなかで、ほとんどの人間は負けてばっかりいる。いつも自分はダメなんだとガッカリさせられている。自分の思うような生き方ができない、とね。いつも人の目を気にして。

自分が勝者であり、成功者だという意識をもっている奴なんてほとんどいない。たとえ外から見て勝者、成功者のように見える人でもそうだ。

キミはぼくのことを自信家だと思っているかもしれないが、自信をもっている人間なんてこの世にひとりもいやしないよ。

自分で自信があるなんて言ってる奴は、ほんとうの自信なんてもっていないし、自信がありそうに見える奴だって、ほんとうは自信をもてないから、そう見せているだけなんだ。

自信のあるなしにかかわらず、そういうことを乗り越えて生きる。それがスジだ。もしも自信があると自分をプラスの面で考えたら、むしろ自信を失うよ。そうじゃなくて、ぎりぎりにマイナスの面に賭けてこそ、生きる勇気が湧き起こってくるものなんだ。

自信とは得意になることじゃない。むしろ悲劇的になることだ。

ぼくはいつでも自分を悲劇的な状況に追いこんで生きている。だから、俗にいう自信なんてものはもっちゃいない。自分が置かれた状況は不当だし、それに対して闘わなければならないと思っている。だからこそ喜びを感じるんだ。

もしぼくが自信満々に見えるとしたら、それは、強烈にみじめな状況にいる自分をみじめだと思わず、喜びを感じて生きているからだよ。

信仰も必要ない。

ひと口に信仰と言っても、いろいろな信仰がある。自分の犯した罪をすべて神さまの責任に預けてしまう信仰もあれば、絶望的な状況に追いこまれたとき、苦しまぎれにする信仰もあるけれど、ほんとうに自分が絶対観をもてば、己れ即、神であり、神、即己れなんだ。

人間の一生がみじめであるなら、だからこそ生きよう、とことんまで自分自身に挑んで。

それがぼくの信仰だ。

マイナスに賭ける

ぼくは自分が賢いとか偉いんだとは少しも思っちゃいない。まわりがぼくのことをどう見ているかは知らないがね。

とにかく、人間である以上、絶対観をもつべきなんだ。賢かろうが賢くなかろうが、貧しかろうが、さまざまなものを背負いこんだこの自分が、宇宙全体であり、それを純粋につらぬくことが生きていること、存在である、という信念。

ぼくは、とくべつ力が強いわけでもない、金をそんなにもっているわけでもない。頭脳だってそれほど優秀じゃないかもしれない。つまり、さまざまなマイナスの面を背負っている。でも、マイナスの面が大きければ大きいほど、逆にそれと反対の最高にふくれあがったものを自分に感じる。ちょうどネガフィルムからポジの写真をつくるようにね。

〝マイナスをプラスと考えよう〟と言ってるんじゃないよ。マイナスこそ、イコール、プラスであると考えているんだ。そうでなければ、人間は生まれてきた意味がないじゃないか。

自分に才能があるとかないとか、世間的に評判がいいとか悪いとか成功したとかしないとか、うじうじと考える必要はない。すべてのマイナスをプラスの面でつらぬけば、マイナスだと思っているものがプラスに転換するんだ。

だから、いつも言うように、ぼくは絶対に成功しないことを目的にしている。それが逆に人に好かれることになれば、それはご勝手だ。

ぼくが自信をもって偉そうなふうにものを言い、行動しているように思う人がいるかもしれないけれど、それはぼくが自他のマイナスの面をプラスにつきつけているからだ。これは主にパリ時代にはっきり自覚したことだけど、こども時代からそうだった。それを頭で解釈し、決意したのはパリ時代、二十五歳のときだ。

それ以前から精神的に悩んでいたが、マイナスのほうに賭けようと、はっきりと意識的に決意したのは、そのときだったんだ。

もっと平気で、自分自身と対決するんだよ

人に好かれようと思うな

なにかをやろうとするとき、人がそれをどう思うかを考えて不安になり、なかなか思うように実行できない。人の目が気になってしかたがない。

でも、それは人の目じゃないよ。

人に見られている、と思っているときは、自分の心が人の目のかわりをやっているんであって、キミが人の目と思っているのは自分の〝目〟なんだ。

人がぜんぜんそんなことを思ってもいないのに、人の目に見られていると思っているだけでね。ほんとうは人はキミのことをぜんぜん見ちゃいないのかもしれない。人の目を意識するような者に限って、人からは見られもしないし問題にもされていない

場合がほとんどだ。

人の目を意識するのは、自分自身のなかにコンプレックスがあることが多い。そのコンプレックスが〝人の目〟になっているんだ。

そういうときは、自分のケチくさいコンプレックスを、コンプレックスとしてはっきり見据えるようにすればいい。切り捨ててしまえばいいんだよ。自分はこうやると失敗するかもしれない。それなら失敗したらおもしろいじゃないかと思って、失敗のほうに自分の運命を賭けてみるんだ。

人の目を気にするのは、こうやったら人に批判されるんじゃないかと怖れているからだよ。まずくいかないようにと心配しているからだね。そう思って行動するのはほんとうの自分じゃないし、ほんとうのアクションじゃない。

むしろ、バカにされたっていい、人に批判されたっていいと思って行動すれば、自分のほんとうの素晴らしい目がひらく。

自信があるかどうかなんて気にしないで、むしろマイナスの面に賭ければ、自分がふくらんでくる。自信なんてことを目標にしなくていい。また、すべきじゃない。自信なんてことを考えるから、人の目が気になるんだ。

この世の中はつまらないことばっかりだよ。だから、失敗することのほうが素晴らしいんだと思って人生に賭ければ自分はふくらむし、人の目なんてまったく気にしなくなるから安心しろと言いたいね。

人によく思われようとか、ホメられようと思うから人の目が気になる。それは自分の目だ。人に好かれることなど問題にしないで自分のやるべきことをやれば、自分が燃えあがるんだよ。

自分対自分で対話する

もちろん欠点のない人間はいないし、それが気にならない人もいない。だがあまりそれにこだわるのはよくないね。

表面ではいつもニコニコ楽しそうな笑顔をつくっているけれど、心のなかは悩みや苦しみでいっぱいという者もいる。でも悩んでばかりいたら、いつまでたっても悩みの泥沼から脱出することはできない。

失敗をしでかしたら〝あ、またやってしまった〟と思えばいい。どうして自分はこうなんだろうと悩まずに、またやってしまったけど、よし、今度はもっとうまくやろうと前向きに考える。

とかく人は失敗すると自分自身のいたらなさを責めてしまうけど、くよくよしていてもしようがない。自分を責めて、その責めた分の二倍の力で脱出しようと試みるならいいけども、責めっぱなしじゃ闘いにならないだろ？

長い道を一歩一歩、歩いていくようなつもりで、気楽な気持ちで自己改造していこうと思えばいい。柔軟性を失い、ひとつの問題に固執していつまでもあれやこれやと思い悩んだら、パッと悩むのをやめてほかのことをやる。あるいはほかの問題にテーマをしぼって考える。いろいろ作戦を考えるんだな。

自分をひとつだけの人格と考えて、そのなかに埋没してしまわないで、悩んでいる自分、それを外っ側から眺めて客観的に分析したり、ああ気の毒にと同情したり、滑稽なヤツだなと笑ってる自分、その自分対自分で対話してみる。激しい論争をやるのもいいし、しみじみと語りあっても、泣いてもいいけど、とにかくふたつ以上の視点を自分のなかにもってごらん。

ぼくだって欠点だらけだ。

でもぼくは条件つきで生きてないからね。欠点なんかに引っかからないんだよ。ものすごく忘れっぽいし、注意力散漫どころじゃない。しかし自分が生きていく問題点ではものすごく強力な注意力をもっているし、自分の興味のないものにはぜんぜん注意力はもたない、またもとうとしない。

いつでも自分の言いたいことを言い、強烈にそれを押し通すから、強情のように思われているらしい。たしかに自分では問題点に精神力を相当強くぶつけている。しかしそのためには、柔軟性がなければ自分をつらぬくことはできない。ぼくは柔軟性を十分にもっているわけだ。

悩みをもっていると、だれでもそれから逃げたくて、いっきょに解決したいと考えてしまう。だからダメなんだ。とくに自分の性格的な欠陥なんて、一朝一夕では改造なんかできるものじゃない。

あせっては逆に自分の欠点と思いこんだ観念にがんじがらめになってしまう。悩んではかりいると、緊張がとれずかえってからだが硬直してしまってプラスの方向に行けない。ゆっくりと一歩一歩やっていくことだ。

悩みのない人間なんていない。もしいたら、阿呆だ。悩みとのつきあい方を洗練させるんだよ。

自分以外のものになるな

どんな人間だって、憂鬱感や不安のない人間なんていやしない。

自分を大事にして、かばおう、うまくやろう、傷つきたくない、そう思うから不安になるんだ。あるがままの自分以外のものになりたがったりね。

もし自分がヘマだったら〝ああ、オレはヘマだな〟と思えばいい。もし弱い人間だったら〝ああ弱いんだなあ〟でいいじゃないか。

弱いからダメだとか、どうしてこう弱いんだろうと嘆いて、自分自身を責めることで慰め、ごまかしている奴が多いんだ。そういうのは甘えだよ。

もっと平気で、自分自身と対決するんだ。

こんなに弱い、なら弱いままで、ありのままで進めば、逆に勇気が出てくるじゃないか。

ぼくはね、瞬間瞬間に自分の進んでいく道を選んできた。そのとき、いつも危険だと思うほうに自分を賭けてきた。もっと極端に言えば、わざと破滅につながる道、死に直面する道を自分で選んできたんだ。

毎日がそうだった。いまでもそうだけど、朝、目がさめてから夜眠るまで一日のあいだにも、二者択一の決断にせまられるときが何回もあるだろ。その決断は小さいこともあるし、人生を決定するわかれ道もある。そういうとき、自分ではほんとうはこうしたい、と危険な方向を採《と》ろうとしても、ふつうはそれは危いとブレーキをかけてしまうね。でも、そのときこそ、ぼくは危険な方向を選ぶ。

もちろん恐怖心はある。ぼくもはじめは恐怖を感じた。運命というものは、自分から切りひらいていくというより、向こうからのしかかってくるものだ。これはとても重荷だ。やりきれない。

でも、だからこそ惹きつけられるんだ。それを全身で受けとめて、逆に生きがいにしてしまうんだよ。

あえて危険な方向を選んだ結果、どうなるかはわからない。でも、たとえどうなろうと賭ける。瞬間瞬間が一回きりの賭けで、賭けた以上は一寸先は闇だ。だから賭け通しつらぬいて、自分の運命を生きなければならない。

そのために痛めつけられても、だ。ひどい目にあったり痛めつけられても、むしろうれしい条件としてほほえみを浮かべ、つらぬき通す。ふりかかってくる災いも、恋する相手を受け入れるように受ける。けっして逃げない。

たしかにきついよ。でも、はればれとした顔で立ち向かう。

これがぼくの生きるスジだ。

ぼくはなにものにも期待しない。それがスジだ

自分のスジを守れ

どんなにつらくても、自分の〝スジ〟を守る。

もちろん社会人として生きていく以上、自分が納得しない相手にニッコリ笑って頭をさげたり、ときには言いたくないことも言って調子をあわせなければならないことは、この現実にはいっぱいある。キミが純粋であればあるほど、この世の中の矛盾に傷つきながら生きていかなければならない。とくに人とのつきあいには、その矛盾がいっぱい出てくる。

この世の中には、いい加減なことがいっぱいある。不純なものと純粋なもののふたつの対立で成り立っているんだ。

世の中の不潔なもの、不純なものと、よほどの精神力をもって対応してやっていかないと、自分の純粋さは保てない。つまり不純のなかでどう自分の純粋さをコントロールしていくか、この生き方こそ大変だし、また極めて人間的なんだ。

純粋な心をごまかさないこと。

キミ自身の、ユニークなつらぬき方を見つけ出してほしい。

他人の目なんか気にするな

一本スジが通った人間は、自分をごまかしたり、時代にあわせて妥協したりしない。自分の生き方をつらぬくためには、他人の目なんかいっさい気にしない。

この規制された社会のなかでそういう生き方をすれば、迫害を受けるだろうし、つらいイヤな思いもする。そんなことは覚悟のうえで生きていく人間が、ほんとうのスジを通している人間だ。

ぼくは小さい頃から自分の生き方をつらぬいてきた。小学校の一年生のときからそのために先生と闘ってね。先生のいろいろな卑しい態度が我慢できなかった。だから学校へ行くのがイヤだった。でも小学生が学校を拒否したら身を置くところがない。先生ばかりか近所の大人たちにも抵抗した。卑しい噂を聞いたり目の前で噂通りのことを見ると、どうしても許せなかった。

同年配のこどもと比べると、ぼくは熟したところと未熟な面のふたつをもっていたみたいだな。そして徹底的にスジを追って迫る、とても変わったこどもだった。

ある日、ついに近所のおばさんが家に飛びこんできて、ヒステリックにぼくのことを口汚く文句を言った。それで手を焼いて、両親はぼくを寄宿舎に預けたんだ。

日本橋の日新学校という寺小屋みたいな学校で、寄宿舎には二十名くらいの生徒がいた。威張り散らす上級生がいるし、閉ざされたこども社会なので、理不尽なことに耐えなければならなかった。よく〝素飯《すめし》〟といっておかずは与えられず、塩をふりかけた御飯だけということがあった。

しかも、ぼくのお椀だけ色がちがっていた。肺病で死んだ子が使っていたものだというんだ。食事中も上級生がいろいろと意地悪をする。

ついにたまりかねて、両親に家に帰りたいと言った。両親は校長と話してくれたが、寄宿舎はそのままで、今度は小伝馬町の十思小学校にぼくだけが通うことになった。ここの先生もひどかった。

鞭をふるって、お前たちは親不孝者だ、出てきてあやまれと机をたたいてまわるんだ。ぼくら生徒は教壇の前に手をついて頭をさげさせられた。ぼくはからだがふるえるほど腹が立った。

親不孝なら親にあやまるのがほんとうじゃないか。それなのになんで教師にあやまらなければならないのか。

それでとうとうそこもやめてしまった。ぼくは小学校一年のとき、四つも学校を変わったんだ。

こどもはね、大人と調子をあわせてお利口さんになっていれば、お小遣いももらえる、美味《うま》いものも食べられる。

だから大人とうまく妥協しちゃう。妥協すればうまくやっていけるということも時代の卑しい知恵が、大人になっても変わらない。現実にお役所や会社、そのほかどこでもそうだろう。だが、こどもの頃から妥協しないでつらぬく精神をもっていれば、大人になっても変わらないんだな。

自分をごまかさない決意

絵もそうだ。じつは小説家の野口冨士男は小・中学校のときからの同級生なんだけど、思いがけないことに、ぼくが十三歳のときに描いた絵を彼が保存していた。一緒にやっていた同人雑誌のために描いた絵をね。

数年前、それを見せられて、驚いたねえ。ぼくはそんな絵を描いたことさえとっくに忘れていたけど、その十三歳のときの絵が、当時の日本ではだれも描かなかった抽象画でね。いまの絵とそっくりなんだ。やっぱり〝オレはオレだ〟と思った。

とにかくぼくの描く絵はこどものときから人とは変わっていた。その頃は世界でも抽象芸術なんてまったく知られていなかった。日本ではもちろんのことだ。ぼくが独自に、勝手に描いた絵がそうなんだよ。

個性ってのはそういうふうにつらぬかれているものなんだ。

テーマはあった。慶応普通部と商工部の運動会の試合のときで、勝つか負けるかで学校中が大騒ぎしていたとき、その熱狂をテーマに、あとはぼくのイマジネーションから生まれた絵だ。

見てくれればわかるが、〝カッター〟という文字が絵のなかに見られるだろう。それとC・Tというイニシャルに、慶応の学帽が描いてある。また、慶応のマークであるペンが描いてある。

抽象画でありながら、こういう具体的なものがひらめくようにほうりこまれてるところも、いまのぼくの絵と通じてる。

こんな絵を描いたこともすっかり忘れていたから、野口くんに見せられたときはびっくりしたよ。そしてオレは変わらないなあ、なんてつらぬいてるんだろう、と思ってうれしかった。いま見ても当時のことが思い出されてきて、じつに懐かしいね。

ぼくは十八歳でパリに行って、二年ぐらいたってからモダンアートの運動に入って、そこで新しく自分をひらいたつもりだったんだが、十三歳のときの絵がいまのと変わらないというのは、その頃からまったく自然に、自分をつらぬいていたんだね。

自分をつらぬく人間になるには、こどもの頃から自分をごまかさないで生きていないとダメだ、というわけじゃないよ。途中からだって、決意すればなれないことはない。こどもに戻ったような気持ち、純粋な気持ちになって、自分をごまかさないように生きる決意をすればいいんだ。

ただ、これはつらい。よほどの覚悟をもってしても大変だ。

でも一度決断したら、絶対につらぬき、耐えて耐えぬかなければダメなんだよ。

この瞬間瞬間に賭ける

ぼくはなにものにも期待しない。それがスジだ。

期待はふつう、将来に対してするものだろ?

ぼくは現在、この瞬間瞬間に賭ける。将来なんて勝手にしろだ。

いまここで爆発するんだ。それは期待なんてナマやさしいものじゃない。

たとえ自分自身に対してでも、〝いつか〟とか〝いずれ〟なんて、責任を先にのばして現在をごまかすことは許せない。だからぼくは自分にも期待なんてしない。

もちろん他にも期待しない。世の中では、とかく何々に期待する、といって自分はまるで責任がないように、問題をよそにおっかぶせてしまうことが多いね。

いわゆる評論家とか、政治家もそうだし、道徳家ぶった連中も、ほとんどがそうだ。

ぼくはそういう無責任な発言はしない。言うのは〝自分はやる〟ということだけだ。責任もてるのは自分が決意してやることだけだからね。

言い換えれば、期待とは〝有〟であって〝無〟でもある。

よりかかる期待は否定する。しかし他に責任を負わせるのではなく、自分自身が責任を負ってなにかをやるときは、その結果がどうあっても責任をになう。その前提が〝期待〟なんだ。

期待は、自分自身に賭けることだと言ってもいい。

自分自身の運命をつらぬくこと。

他人に運命をかぶせたり、だれかをあてにして頼るのではなく、自分を賭ける。それが期待だ。

なにかうまくいくんじゃないかとか、そんな甘えでよりかかる気持ち。そういうのはほんとうの意味での期待じゃない。ぼくが自分に期待しないと言うのはそういう意味だ。

〝期待〟だけじゃないよ。

〝ないということはあること〟であり、〝あるということはないこと〟。人間はそのなかで生きている。

たとえば、自分自身の存在なんてなんでもない、無だ、という考えと、自分という存在こそ宇宙全体だという信念。それが両方とも絶対感なんだ。心のなかでからみあう。人生、ほんとうに〝ある〟〝ない〟という矛盾の裂け目に生きている。だから一方だけにこだわっては意味ないんだよ。

フルに自分をぶっつける

さまざまなものを背負いこんだこの自分が宇宙全体であり、それを純粋につらぬくことが生きるということだ。

純粋につらぬくとは、ひたすら絶対感をもつこと。

絶対感とは、価値観を超えてフルに自分をぶっつけること。

人間はだれでもプラスとマイナスを背負っている。マイナスのないプラスはないし、プラスのないマイナスはない。マイナスこそイコール、プラスだ。プラスとマイナスの関係は、表と裏のようなもの。

だから、マイナスに直面したときに、プラスを背負いこんだと思えばいいんだ。逆にマイナスの決意がプラスになって返ってくる。マイナスを決意して、それをつらぬけば、逆にプラスになってくる。しかしマイナスを怖れると、まったく意味を失う。これが怖いところだけど、そういうものなんだよ。

この世の中、だれもが成功しようと思っている。しかし現実には九十九パーセントは成功しない。そのマイナスに絶望している。

自分の全身を賭けて失敗したら、それでもいいじゃないか。

こんな世の中なんだから失敗したほうがおもしろい、と思えば、成功しなくてもニッコリして平気で生きることができるだろ？

この瞬間瞬間に賭ける。将来なんて勝手にしろだ

誤解するなら、してみろ！

人はだれしも成功したいと思っているけれど、九十九パーセントの人間は成功できない。それができないからガックリきて疲労困憊《こんぱい》する。

みんな人間の活動やエネルギーを算術みたいに考えているんだよ。ある分量の蓄積があって、それを使ってしまえばだんだん減ってゼロになるっていうようにね。

そうじゃない。挑むからエネルギーが湧き出るんだ。

疲れていようといまいと。それが生きるってことだ。

無条件に闘うことを前提として、自分をつらぬいていくことが大切なんだよ。

理解されないかもしれない。でも、自分が理解されないのは相手が理解できないん

だ、しようとしなかったからだ、と思えばいい。

人はさまざまな誤解のなかに生きている。純粋に生きようとすればするほど、とんでもない誤解を受ける。ほんとうの理解なんてあり得ないんじゃないかと思うくらいにね。

だれだって誤解されるのはイヤだ。だがそれより、誤解されることを恐れて、自分が思ったことをストレートに表現しなくなることのほうがもっとよくない。誤解されないように、と他人の目や思惑を気にして行動すると、やることがむなしくなってしまう。それじゃほんとうに生きる、なまなましい、いのちの感動なんてひらくはずがない。

誤解するなら、してみろ！

誤解こそ運命の飾りだと思って、己れをつらぬいて生きてみればいい。

無条件に己れをぶつけて挑んでいけば、限界なんてないんだよ。

限界は考えない

たいていの人は、成功しないとガッカリする。

でも〝成功しなくていい〟ということを前提にやっていれば、なんでもないだろ？　思い通りの結果なんだから。逆に成功することだってあるかもしれないよ。

成功した人は、自分に甘えたり、適当にうまくやろうとして成功したんじゃなくて、こんなことをしたら自分はダメになってしまうんじゃないか、死んじゃうんじゃないかと妥協しないで、自分をつらぬいてきた者だ。

成功だけを意図してやってきた連中は、ほとんど成功していない。そういう人は他に対しても、自分自身に対してもみじめだ。

そもそも、成功しようとして成功したら、決着がついたというだけで、生命感みたいなものがあふれてこないじゃないか。

休息？　ないね。たとえ眠っていても夢のなかでも、ぼくは身心を激しく動かしている。

からだは動かして疲れるということもあるけれど、精神を躍動させていれば、疲労どころか逆に全身がイキイキとしてくる。

ぼくは一日中、精神を燃やしつづけている。だから夜はぐっすりと眠れる。それで翌朝目をさますと、新しい情熱がパーッとひらいていくように感じるんだ。

限界は考えない。

人間ははじめから限界のふちに立たされているんだから――。

人生、即、夢！

人生、即、夢だ。ぼくはほんとうにそう思う。

ところが、いま、ほとんどの人が決まりきった枠のなかでしかものを考えようとしない。夢をふくらませるってことがない。

自分の能力とか、周囲とのバランス、社会状況などをいつも考えて、まあ適当に、このくらいの調子でやっていけば大丈夫、大過なく人生がすごせると計算ばかりして、ほんとうの行動をしない。

そうじゃなくて、「こんなことはいまの世の中ではとても考えられないことだ。それなら、やってみよう」――そういう気持ちが必要だ。

こういう奔放な考え方は、世間では〝誇大妄想〟とバカにされるかもしれない。でも、そういう行動をとることで生きる喜びが感じられる。誇大妄想するよりほか生きる道はないいんだ。

たとえば、ある会社の課長だからといって、会社の規定のことを絶えず頭にうかべ、課長としてはこの程度の行動が許されて、この辺が限界でそれ以上は無理だと、すべて社会の枠を前提に行動していると、人間はやがてはむなしくなってしまう。

夢は無限なんだから。

夢のなかでは、あらゆる飛躍ができる。

空を飛翔したり、自分の理想の女性と夢のなかで恋愛だってできる。

現実のなかで自分をせばめないで、誇大な夢をふくらませるんだ。そうすれば、むなしい社会的生活のなかで、ほんとうの夢と情熱が湧き起こってくる。

これはなにも若者だけに言えることじゃない。総理大臣だって一流企業の社長だって、どうにもならない決められた枠のなかで絶望していることはたしかだ。

そういう現実の条件を乗り越える夢をひらくことが生きがいなんだよ。

現実と対決し、空想をひろげていく

ぼくは空想のなかに生きている。

現実から自分をひらいていくのが空想だ。空想をいくらひろげても、現実がすぐにそれを叩きのめしてくる。逆にその瞬間パッと空想をひろげていけば、どんなに叩かれてもなんということはない。空想がいちだんとひらけていく。

現実と対決すればするほど空想がひろがっていく。現実と空想は一体なんだ。

人はだれもがなんらかの空想をもち続けて生きている。自分をひらく空想もあるが、逃避としての空想もある。逃避してはダメだ。

現実即空想、空想即現実。

ほんとうの生き方とは、空想と現実のからみあいのなかで生きること。

素晴らしければ素晴らしいほど、夢がひろがって生きがいを感じていくものだ。しょぼくれると空想はむなしいものになり、現実自体もむなしくなる。

空想と現実の闘いで挫折したっていい。

絶望してダメになるんじゃない。挫折は飛躍の足がかりになる。だから挫折を怖れちゃダメだ。落っこちたり上がったりして全身を躍動させるんだ。ただ飛躍ばかりしていてはおもしろくないじゃないか。

これは人生についてすべて言えることだよ。

逆境にあるほど、人生はおもしろい

人生とは自分のことだ。

客観的に見た人生は、人生じゃない。キミが全身全霊で生きていることが〝人生〟なんだ。

ぼくに〝人生とはなんぞや〟なんて質問しても意味はない。この問題は自分自身にぶつけて質問すべきことだよ。

もちろん人生にはいろいろな生き方がある。でも、人生という言葉だけに寄りかかって、ほんとうの生き方をしていない者がほとんどだ。やたらに〝人生〟などという言葉を使わないほうがいい。

ただ〝生きている〟〝生きている歓《よろこ》び〟。

生きる歓びとは、生きる強烈なつらさと背中あわせだ。〝つらさ〟があるから〝生きる歓び〟が湧きあがる。

〝人生とはなんぞや〟なんて観念的なむなしい言葉をひねくりまわす前に、〝生きる歓び〟をつかみたまえ。生きる強烈なつらさを体験したまえ。この地球上に四十五億の人間がいるとすれば、四十五億の人生がある。それをいちいちたずねてまわっても意味はないだろ？

いちばんおもしろい人生とは、〝苦しい人生に挑み、闘い、そして素晴らしく耐えること〟。逆境にあればあるほど、おもしろい人生なんだ。

逆にうまくやろうとか、要領よく生きてやろうと考えると、人生はつまらなくなる。自分で自分の運命を賭ける、なま身で生きることが、ほんとうの人生なんだよ。

この世に犬死になんてありゃしない。この言葉はくだらない。

だが〝犬生き〟はある。

〝犬生き〟なんて言葉、聞いたことがないだろう。いまヒョイと浮かんできた文句だけど、つまり、惰性的に、つまらない生き方でだらだらと生きているのが犬生きさ。いまはほとんどの人間がそうだよ。カッコよく生きていると言われている連中だって、多くは犬生きしてるにすぎない。

人間はだれだって、この世に生まれようとして生まれてきたわけじゃない。つまり、自分の意志ではなく、生まれてきてしまったんだ。でも、この世に出てきたからには、だれだっておもしろい生き方をしたいだろ？　いつも言うことだが、なにか危険な条件のほうに自分の運命を賭けるほうが情熱が湧いてくるものなんだ。

第二章

「すごい！」という感動が起爆剤だ

ほしいのは、マグマのように噴出するエネルギー

金と名誉はいらない

もしもこの世から〝金〟と〝名誉〟を捨てたら人間はどうなるか。

ズバリ答えよう。金と名誉を捨てたら、人間の〝生命《いのち》〟が残るんだ。つまり人間のほんとうの存在だけが生きる。

社会に生きる人間は、金とか名誉なんていうものを考えるから、存在感を失ってしまうんだ。名誉なんかは他人の勝手な判断で決定するもので、本人はその勝手な判断によりかかっているだけさ。

金にしてもおなじこと。原始社会を見てごらん。金がなかったから、ぎりぎりの必要のうえに交換経済が成り立っていた。その後、貨幣経済になってから、いろいろな

矛盾が出てきたんだ。

金と名誉のない世界のほうが、人間はほんとうに生きられる。

メキシコに行ったとき、ぼくはインディオを見て感動した。インディオは裸足で、ソンブレロをかぶりポンチョを着て、街の広場で一日中、なにもしないで陽なたぼっこをしている。その姿がとてもいい。

メキシコのおもしろさは、こんなふうにポーッとしていても食っていけるところだね。白人社会よりも十分の一ぐらいの安さで、十分に食べていける。だから彼らはきわめて人間的だ。

メキシコに行くたびに感じるのは、ここには根源的なものが方々にいまも残っているということ。ぼくはメキシコのオアハカ市に近いインディオの村に何回か行ったが、インディオたちはいまも昔通りのやり方で機織《はた》りをしたり、食事をつくったりして生活している。そういう人間本来の生き方は素晴らしい。

都会でも裸足でしなやかに歩きまわって、道端の屋台でさっとオレンジをしぼって出してくれるフーゴ・デ・ナランハ（オレンジ・ジュース）は、タダみたいに安くてうまい。強い日ざし、乾いた高原、そこで冷たいジュースを一気に飲みほすと、全身の血と溶けあっていくようなさわやかさを感じるんだ。

金と名誉ほど人間をダメにさせてしまうものはない。そんなもののために、あくせく生きるなんて愚劣だ。

人間はもっと純粋に生きていかなければいけない。金と名誉を否定したところに、人間のほんとうの出発点がある。みんなそれを忘れてしまってるんだよ。

無限のエネルギーを爆発させろ

もし神様から「三つの願いをかなえてやる」と言われたら、キミはなにを望む?

ぼくなら三つも要らないね。ひとつだけでいい。

それは、活力だ。無限のエネルギーと言ってもいい。ぼくはそのエネルギーを爆発させ、すっとばして生きていきたい。そして無条件にエネルギーをばらまいてみたい。

もちろんそれは、成功なんてことには関係ない。

無償、無条件。

損得を考えたり、なにかいいものをつくろうなんてケチくさいことは考えない。それよりも、無条件に、自分が炎のように激しく、底の底から燃えあがる。ぼくがほしいのは、そういうエネルギーだ。

あとはなにも要らない。財産がほしいとか、地位がほしいとか、あるいは名誉なんてものは、ぼくは少しもほしくない。

ほしいのは、マグマのように噴出するエネルギーだ。

ぼくが〝赤〟が好きなのも、それは〝燃える色〟であり、エネルギーを感じさせる激しさ、活力、生命の根源を想起させる色だからだ。それに、死に向かって爆発する色だからね。

世界中のものとぶつかりあう

エネルギーは自分だけがもっているものじゃない。

自分のなかにエネルギーがあって、それを対象物にぶっつけるんじゃなくて、他とのぶつかりあいで、エネルギーが自分のなかに湧き起こってくるんだ。

エネルギーは外にあるものではない。孤立したエネルギーというものはない。世界中に極がある。どんなことでもいい、世界中のものとぶつかりあえば、自分のエネルギーはさらに増幅されて強大になってくる。たとえば、単独で北極探検をやった植村直己くんを見て感動したのなら、その感動そのものがエネルギーの根源だ。感動してすごいなと思うことで終わらせないで、「あっ、すごい!」という感動を起爆剤にする。

自分の内部に起こったこの炎のような衝動。そして、よし、オレもという気持ちになれば、完全にエネルギーがスパークする。

エネルギーといったって、なにも植村君のように大がかりな、北極なんていうすごいところでなきゃ発揮できないものじゃないよ。ぐっと身近な、なんでもないもの、自分から数メートルの目の前のなにかでもかまわない。そういうところにだって、対決する対象はいくらでもあるはずだ。むしろそのほうが強烈だったりする。

自分にはエネルギーがないんじゃないかとか、どうしたらいいなどということを頭のなかでウジウジ考えていたら、エネルギーなんて燃えあがらないし、爆発もしない。

無償に賭けて生きる

活力、エネルギー、執念など、男の行動のバネは、いったいなにから生まれるのか。金銭欲、功名心、出世欲などの向上心がソースなのか、あるいは愛がソースとなるべきなのか。

ぼくは、向上心であるとか、愛であるとか、決めてしまえるものじゃないし、決めたって意味ないと思うね。とにかく、キミ自身の心身をまったく無条件で燃えあがらせればいいんだよ。

あとから振り返ってみて、ああ、あのときはなんであんなことに、と思うかもしれない。でも、それでいいじゃないか。

いわゆる男の生き方などといっても、その時代の基準によってちがうし、また階級や職業やいろいろな条件によって変わるものだ。明治、大正から戦前にかけては、出世が男のモラルだった。でもいまは、ほとんどの人が出世よりも家庭のほうが大事で、無事無難に生きることを前提としているようなご時世だ。

人間はエネルギーによって生きているわけだが、いまのようにさまざまなシステムが生活を保障していると、実際にふき出させなければいけないエネルギーなんて必要がないととらえられている。

ぼく自身のエネルギーは〝無償〟に賭けて生きる情熱だ。あるひとつのことをやるとき、どうしたらうまくいくかと考えると、逆に生命のエネルギーが引っこんじゃう。うまくいくかいかないかなんていうのは問題外。そんな功利的なことを考えずに無償に生きる状況にあって、エネルギーがかえって燃えあがるんだ。

ものごとがうまくいかないときにショボンとなるのは、うまくいってほしいと思っている証拠。つまり功利的な気持ちで左右されているからだよ。感情ずくじゃあほんとうのエネルギーは出ない。

結果がうまくいかないこともあるだろう。でも、いまから考えたってわかりゃしない。結果は結果だ。

結果にこだわるから、なにもできなくなる。それがいちばん愚劣なことなんだよ。もしこうしたらこうなるんじゃないかと、あれやこれや自分がやろうとする前に結果を考えてしまう。これがいちばんつまらないことだ。

なにかをやって失敗したら、そのときはそのとき、と考えればいいことさ。

無目的に新しく世界を見直す

だいたい若者に限らず一般に、なにかをやって失敗すると、その失敗したことにこだわってくよくよと悩んだり考えこんだりするものだ。そんなことはいっさい気にしちゃダメなんだよ。

悩んだり考えこんだりする時間があったら、もう一度、失敗したことをまったく新しい気持ちでやってみるんだ。そうすれば今度は新しい状況がひらけるだろう。つまり時間と空間の問題なんだ。次の機会におなじことをやって、その前は失敗したけど、今度は成功することだってある。条件というものは、そのときそのときで変化するんだからね。

失敗したからといって、自分からオリてしまうと、もう成功するチャンスは生まれない。一度失敗したなら、〝よしもう一度失敗してやるぞ〟というぐらいの意気ごみでやることが大切なんだ。

結果がうまくいこうがまずくなろうが、誠実に、その瞬間瞬間にベストをつくしたんなら、結果なんていっさい考える必要なし。大切なのは、運命をつらぬいて生きることだ。

計算ずくでやらない、結果をもとめないのが〝無償〟。無償とは無目的にただひたすらに生きる情熱だ。

自分だけが生きていればいいとか、自分だけがうまくいけばいいというんじゃない。自分が燃えあがることで世界全体が燃えあがるんだという絶対感が、無償であるということ。

向上心は関係ないのかというと、そうじゃない。これはむずかしい問題で、純粋な向上心と、条件ばかりを考える向上心がある。

たとえば会社に入って、自分は何年で課長になって、その後何年経ったら部長になるというような計算。それよりも、そんなコースだの他人の評価など気にしないで、自分という人間をその瞬間瞬間にぶつけていく。そしてしょっちゅう新しく生まれ変わっていく。エネルギーを燃やせば燃やすほど、ぜんぜん別な世界観ができてくる。

新しく世界を見直す、見つめる、発見することがほんとうの意味の向上だ。

人生を計算ずくで生きるのは、向上とは言えない。

青春は永遠に、はじめからのやり直しだ。だから一度やって失敗したことにこだわる必要はない。

ぼくの奨める生き方をしてごらん。必ずキミの前に新しい、素晴らしい世界がひらけてくるよ。

成功しないように成功しないように

いまの社会では、会社のなかでもそうだけど、真実のことを言ったりしたりしたら、絶対に受け入れられないと思ったほうがいい。だから、いまの会社でずっと無難にやっていくつもりなら、自分を失くして会社のシステム、人間関係にあわせていく以外にない。現在の社会機構そのものが変革されないかぎり、これはどうすることもできないことだ。

それでも、もし生きがいをもって生きたいと思うなら、人に認められたいなんて思わないで、己れをつらぬくしかない。でなきゃ自分を賭けてやっていくことを見つけるのは不可能だ。

ふつう、その不満をごまかして生きている人がほとんどだ。会社の帰りにパチンコをやったり、麻雀をやって自分をごまかしている。つまり、〝自分の力〟を危険のない遊びにふり向けることで、救われない自分をごまかしているんだよ。

発想を転換すればいいんだ。

たとえ同期の者が上役にうまく取り入って目をかけられようが、自分は上役に気に入られなくてもいっこうにかまわないと思えばいい。

それじゃ出世できない？　だったら出世なんかしなくていいじゃないか。

ほかの同僚が自分を追い越して出世していっても、オレは出世しなくていいんだと思っていれば、自分だけが取り残されていく、という悩みに取りつかれることはないだろ？

いいかい、出世したいと思って上役におもねったり取り入ろうとするから、イヤらしい人間になってしまうんだ。それよりも、自分は出世なんかしなくっていいと思ってしまえば、逆に魅力的な人間になってくる。ぼくだってそうだ。成功しないように成功しないように、問題をぶっつけて生きてきた。

たしかに会社のなかに出世なんかしなくてもいいという人はいる。でも、そういう人間は会社のなかでは魅力的というより卑屈に見える。キミはそう言うかもしれない。

でも、ぼくの言わんとするのはそういうことじゃない。そういう人間はひがんじゃって、心のなかではコン畜生と思っているから、卑しく卑屈に見えるんだよ。そうじゃなくて、心の底から平気で、出世なんかしなくていいと思っていれば、遠くのほうで縮こまっている犬のようには見えない。

もちろん、そういう気持ちになるのはたいへんだ。でも逆に、成功しなくていいんだ、出世しなくていいんだという気持ちになれれば、これはたいした精神力だよ。

もうひとつある。それは、会社の勤務時間を離れたら、ほんとうに自分がやりたいことをやってみるってことだ。競馬や競輪をやるんじゃなくて、スポーツでもいい、芸術でもいい。そこから新しい自己発見が生まれる。新しい自分がひらけてくる。

出世したいのにうまくいかないなんてイヤらしい悩みを捨てて、ほかに自分をひらく道を見つけていくんだ。

おおらかで激しい心を誇りとして

「社会で生きていくには、自分を殺して、周囲の人たちとうまくやっていくのがコツだ」「喧嘩しようと自分の信念をつらぬくなんてことをしたら、とても世の中を渡っていけない」とキミも言われたことがあるだろう。

これは永遠の問題だ。ぼくがいつも言うように、人間が純粋な行動に出ようとすると、この社会では必ず瞬間瞬間に阻まれてしまう。その意味ではこの通りだ。なぜなら、いまの社会では純粋な行動は規制される仕組みになっている。その仕組みに従っていかなければ、社会では生活していけない。

法律、常識、しきたりにしたって、人間世界ではすべて譲歩して生きていくことがタテマエになっている。

それがおもしろくない、とキミは思うだろう。だれだっておもしろくないさ。そういう話をする大人たちだって、ここまでくるのにいろいろイヤな思いをして、そういう結論に達したんだ。

でもね、若い人が闘う前からそういう世間知《せけんち》に頭を下げて、自己を失ってしまったら、どうなるんだい？

ぼくは、いまの常識とか道徳を否定しろと言ってるわけじゃない。ルールはいちおう守らなければならない。

しかし、ただ大勢の人たちが守っているから自分も従う、という意志のなさではダメだ。ルールを守ると同時に、内なる自由、抵抗をつねにもっている。そのようなおおらかで激しい心を、人間的な誇りとしてもたなければいけないとぼくは言いたいんだ。

身近な例で言おうか。たとえば新橋から青山まで行きたいとするだろう。人間は欲求にしたがって自由に移動できるはずだ。できなければほんとうじゃない。

ところが、そのためにはまず地下鉄に乗らなければならない。だからといってすぐに乗れるわけじゃない。まず切符を買わなければならない。自動販売機にコインを入れて切符という紙きれと交換する。

これだけじゃ、まだダメだ。異様なサクができていて、一、二カ所だけわざわざ狭くした入口があって、そこを通らなければならない。通るだけならまだいいが、ユニフォームを着た者にジロッと見られて、紙きれを検査され、パチンと穴をあけられる。これでやっと電車に乗って、目的の青山までの移動ができる。このシステムをだれもが当り前だと思っているが、こんなシチメンドクサクて、人を疑うことを前提としたシステム、じつに屈辱的だろ。

こんなことを言うと、ぼくのことをおかしな奴だと思うかもしれない。

でもぼくは、いつでも腹を立てている。抵抗しながら、歯ぎしりしながら、切符を買い、切られている。じつは――これが大事なことなんだよ。

ルールだから切符は買うが、しかしぼくは人間的にそれを認めてるわけじゃない。ぼくの自由はそんな卑しい束縛を受けることに憤《いきどお》っている。

これはひとつの例だけど、日常のあらゆること、つまらないことからかなり大きなシステムまで、こういう類《たぐい》の憤りはしょっちゅうあるよ。

世の中そういうことになってるんだから、といってただあきらめちゃってはダメだ。それがほんとうの人間だよ。キミたちはもうかなりニブくされちゃってるから、なんとも思わないんだ。

いわゆる道徳にしても、社会のルールなんてものは、時代・状況によってしょっちゅう変わる。もう何十年か経ってみたら、「へえー、二十世紀の昔には、どこへ行くにも、いちいちお金を払って、しかも疑われながら検査までされて車に乗ったものなの」と、こどもたちに言われるようになるかもしれないんだ。

いつだったか、パリでメトロ（地下鉄）やバスをぜんぶ無料にして、みんなが自由に乗れるようにする議案が、まじめに検討されたことがあった。会社や工場から一定の交通費を取りたてれば、そのほうがメトロやバス会社の人件費が節約されて、厖大な赤字解消の解決になるということだった。ドライな合理的計算だが、これはひとつの進展であることはたしかだね。

人間はその姿のまま、誇らしくなければならない

百科辞典みたいな知識はいらない

よく教養があるとかないとか言うけれど、その〝教養〟っていったいなんだ？　学歴とか、知識とか、茶道とか、華道とか、そういった世間一般でいう資格のあるなしってことなのか？

だとして、その教養とやらがなかったとしてもだ、それがいったい、なんだというんだ！

考えてごらん。百科辞典みたいな知識が十分あれば、充実した人生が送れるのか？　そうじゃないな。早い話が、じゃあ、大学出たら全部が全部、教養豊かで魅力的な人間か？　そうじゃないね。

逆に学歴なんかなくたって、〝教養ヅラ〟がなくたって、堂々と尊敬を受けている人間は大勢いる。問題は生き方なんだ。自立した生き方をしているかどうかが問題なのであって、いわゆる〝教養〟のあるなしが人間の価値決定の第一条件ではないはずだ。気にすることはないいんだよ。

ほんとうの知性はひらける

知性というのはただ学問的だとか、知識のことだけをいうんじゃない。

ほんとうに生きる意味を正しく把握すること、全身、全存在でね。それが知性だ。型にはまった理論や知識のひけらかしではなくて、むしろ直観的に、自分自身の存在をつかみ、それをつきつめる。他とのかかわりあいを考える。そうすれば、キミのぶつける言葉は生きてくる。キミの目つきや態度から、相手に強烈な印象を与えるだろう。

自分のコンプレックスから相手をやりこめるんじゃ不毛だし、相手に不快感を与えるけど、純粋に自分の直観や生きる意味をつかんで、他人と自分がぶつかりあうことでひき離し、ひき離すことで楽しくぶつかりあえばいいんだ。

そのときに相手の程度なんて考える必要はない。問題は自分の程度次第。それによって相手の程度も変わってくる。もし相手がバカにするようだったら、相手のほうが程度が低いと考えればいい。とにかく、フェアな態度でぶつかりあえば、お互いに親近感を感じるものだよ。

哲学にしても知識にしても、それを人より多くもっていることがすぐれているんじゃない。それよりも、いまの状況のなかで自分をつかみ他をつかむのがほんとうの知性であって、自分を失ってどんなに知識をよせ集め、記憶していたって、そんなものはほんとうの知性じゃない。

カッコだけの知識、他人の受け売りを振りまわしても相手はむなしいし、自分もむなしいものさ。人間としてのダイレクトなぶつかりあいから、ほんとうの知性はひらけるんだ。そうすれば相手も溶けあうようになり、生きる喜びが通いあう。

だいいち知識といったって、読書から得たものだろう。そんなものには限りがあるし、ほかに知らないことはいっぱいあるはずだ。相手が自分の知らない知識をもっていることだってある。だからそういうものにこだわらなければいいんだ。自分だけが知っていることでも、みんなの問題としてしゃべり、それが相手に伝われば、自分の知識がみんなのものになったということ。

自分だけが独占している知識、それで威張ろうなんて卑しい根性がなければ、溶けあうことができるはずなんだよ。

順番なんてものには超然と臨む

ぼくは現代の教育システムぐらいバカバカしいものはないと思っている。

どこへ行っても、学校では、几帳面に仕切られた箱のなかで、四、五十人ずつ生徒をつめこんで、お役所で決めた勉強を強制している。

仕切られた箱のなかで教えるのがいけないと言ってるわけじゃない。教えるのはいい。教えなければならない。

問題はそこで〝順番〟をつけることだ。たとえば、一＋二はどうして三になるのか、三でなくてもいいんじゃないのか、なんて思いつめて考えこんだら、点数はゼロになってしまう。

三でなくてもいいんじゃないか、という人間的な要求をそっちのけにして、きめた枠にあてはまってしまう子、先生の教えたこと、学校の校則に抵抗なく適応する子だけが成績がいいという評価を受ける。

つまり優等生とは、あらゆる科目にまんべんなく順応できる生徒のことを言っているにすぎない。学校では、クラスで一番の成績者が優等生で、四十番、五十番は〝劣等生〟と言われる。

〝順番制度〟があるからだ。でも順番なんてほんとうの人間の価値とはなんの関係もないんだよ。

それよりも、順番なんていうことに超然とした態度で臨んで、独り、誇り高くそびえ立っている人間が頼もしい奴なんだ。

人間はその数だけ、それぞれ、その姿のまま誇らしくなければならない。

教育とは、そういう人間の喜びを開発し、自覚させるのが目的であり役割であるべきなんだ。ところがいまの教育は、順位をつけることが〝道徳的基準〟になっている。

学校の成績のいい者が人間の価値であるかのように、小さい頃から教えこんでいる。学校の順位が悪いからといってコンプレックスを感じることはない。だいいち、そのいい証拠に、学生時代に成績がいい者が社会に出て必ずしも成功するとは限らないじゃないか。

周囲の評価なんかに気をまわすことはない。一生懸命、キミ自身の勉強をして、高い人間性を目指せば、それでいいんだ。

キミ自身がいちばん知っている

もう一度言おう。学校で決める順番なんかにこだわることはない。精神が豊かでイキイキしていることと、学校の成績とは関係ないんだから。

試験の成績なんて要領のいい、記憶力があるヤツがうまくできるにきまっている。むしろ個性があり独創的な人間のほうが試験の成績が悪かったり、大学の入試に失敗するってのはよくあることだ。エジソンはこどもの頃は低能だと思われたっていうし、アインシュタインもけっして成績はよくなかった。

ぼくの学生時代の友人たちにも、成績は優秀だったが社会に出てからはぜんぜんウダツがあがらない、学校の成績通りにいかなかった者が大勢いる。逆に、学生時代はたいしたことなかったのに、社会に出てからは人間的にものびたし、おおいに活躍している者もいる。学校の教育というのはひとつのシステムであって、現状のシステムに順応する者が評価される。それだけのことさ。

学校の成績なんかにとらわれることはない。

成績が悪いからといって劣等感をもつことはないし、まして自暴自棄になるなんてとんでもない。にっこり胸を張って、オレは学校の成績なんていううすっぺらな物差しではかれる人間じゃないぞ、と思ってりゃいいんだよ。

真剣に自分自身を見定めてごらん。きっとキミでなければもっていない、独自ののがあるはずだ。それを鍛えるんだ。

キミのことは、キミ自身がいちばんよく知っている。なんでそれをほっぽり出して、ほかの人の無責任な批判のほうばかりにこだわるんだい？　おかしいじゃないか。

負けた者こそバンザーイ

仮にキミが教室で劣等感をもっているとしよう。でも、教室で得意になっていた奴が今度グラウンドに出ると、ビリッコのほうでひどいコンプレックスを抱いているかもしれないよ。

いまのように、一番はエラくてビリは駄目、勝利者は英雄で負けた者はクズ、成功者は尊敬されて失敗者はふんづけられる、という基準をみんなが信じている限り、だれもがなんらかのコンプレックスに悩まされ、惨めになってしまうんだよ。たとえいま勝っている者、成功している者でも、いつ落っこちるか、自分より強い者がいつ現れるか、不安でいつもビクビクしているわけだからね。

そういうモラルを引っくりかえさなければならないんだ。それにはぼくがいつも言うように、負けた者こそバンザーイと大いに胸を張ってにっこりする、これだよ。成績のいい者が偉いなんて、そんな評価を許すのは現代の教育制度そのものがまちがっているんで、それに対して批判的になればいい。

もしキミが努力しているにもかかわらず、成績がさっぱりあがらないことを嘲笑する奴がいたら、腹のなかでそいつを軽蔑してやればいいじゃないか。

だけどキミは、成績の悪い奴がみんなにバカにされ、遊んでもくれないとなると、やっぱり悩むことになるじゃないか、と思うかもしれない。でもそれは努力の仕方がまちがっているから悩むんだ。

成績が悪いから、努力してよい成績をとろうとする、とれなかったらがっかりだろう。

そんな目的に縛られた努力ではなく、結果なんかどうでもいい、たとえ成績があがろうとさがろうと、とにかく自分はこの科目ができないから、努力してわかるようにしようという、自分に対する努力をすればそれだけでいいんだ。

成績がよくなって、ほかからみとめてもらおうとする努力じゃないんだよ。

いまの教育のいけないところは、体操で言えば、下手は下手なりに努力をしても、その努力を認めようとしないことだ。だから悪いのは教育制度であって、キミじゃない。

ぼくは図画や作文の成績はよかったけれど、先生と闘ったから、拒否した学科が多かった。そういうときは、授業中も先生の話なんか聞かないで、そのとき興味をもった本を読んでいた。くだらない講義は聞く必要ないと思っていたからね。

必要な勉強は自分でやった。もちろん、それじゃ学校生活には通用しない。学校だってあきれていたよ。

ぼくは両親を尊敬していた。その両親が学校へ行けと言う。行くと約束したから行くだけは行ったんであって、ほんとうは学校なんていうくだらん先生のいるところなんかへは行きたくなかった。くだらん先生のくだらん講義の声、音波が耳から入ると、清らかな頭が汚されると思って、授業中ずうっと指で耳を押さえてた。授業が終わると、両手の指先がしびれてたな。

昔のほうがいまよりもっとしめつけがきびしかった。先生にさからうことなんて、いっさい許されなかった封建時代だよ。それでも、ぼくは自分のスジを押し通した。

キミがいま悩んでいることは、キミひとりだけの問題じゃない。みんなが抱いている大問題なんだ。

無条件な行動で嫌悪感を破壊する。それがコンプレックスの解消法だ

人生のなかの自分

出身校のことでコンプレックスに悩む者もいるね。せっかく一流企業に入ったのに、先輩後輩は一流大学出ばかりで、彼らだけで結束している。そのなかで自分は三流大学出の少数派。疎外感とコンプレックスに悩まされる、というわけだ。

もしキミがそうだとしても、この状況はキミだけの問題じゃない。日本という国全体が、その会社とおなじ気風だね。つまり個人個人が堂々と自立しているんじゃなくて、なんらかのグループ、塊りに帰属している。そうじゃないと安心できないんだ。そしてグループ以外の者にはなにかよそよそしい。

見渡してごらん、そういう閉鎖性はあらゆるところにあるよ。少数者になってはじ

き出された者は、ひどい疎外感に悩む。同県人意識、町内意識、村意識——。

その村のなかでは、お互いに愛しあっているわけでも、理解しあっているわけでもない。むしろ、憎んだりイガミあったりしているのは隣近所の者、村人同士なんだけれど、よそ者がくると閉ざして、なかには受け入れない。

会社のなかの一流大学出のタテ社会だって、内部に入れば相当いやったらしいのかもしれないよ。ゴマをすったり足を引っ張ったり。そんななかに入らずにすんでいる、三流大学出はむしろ幸いだという面もあるんじゃないかな。

ものごとをひとつの面からだけ見て、それにとらわれてしまってはダメだ。とらわれたら負けだよ。それがコンプレックスになる。

おなじ大学出がなんとなく先輩後輩でまとまるのも、その閉鎖的意識だ。だから一流企業に入ってきた同僚でも、彼のことを人間的に見きわめ、評価しようとしないで、出身校なんて単なる偶然にすぎないレッテルで差別してしまう。

そんなこと気にしなければいいじゃないか。気にするから互いに閉鎖的になるんだよ。

いまも言ったように、根本には日本人の閉鎖的意識がある。それを解決するには社会全体を変えていく以外にない。会社で言えば、採用方針も一流大学出身者ばかりを重視しないとか、いろいろと改革しなければならない。しかし現在の状況ですぐにそんな改革が実現するとは思えない。

それならば、会社の条件が変えられないのだから、むなしさを感じない自分をひろげていく以外にない。

条件はあらたまりっこないんだから、そのことを一つひとつ気にしていたら、よけいコンプレックスが蓄積していくだけだ。

だから〝会社のなかの自分〟ではなく、〝人生のなかの自分〟を考える。そして、人間としてのベストをつくすことによって、もっとひろがっていくこと以外にない。

そうでなければ、閉ざされた条件のなかで自分を閉ざしていくばかりだろう。

コンプレックスとは自分がもっているものだから、自分を変える以外にない。大学がどこであろうと、そんな学校のことなんか気にしない自分のほうがはるかに自由なんだと思って、自分をひらいていけばいいんだよ。

勝って結構、負けて結構

ぼくは、学校の成績が悪いからとか、体育の競技で負けてコンプレックスをもったというようなことは、一度もないな。勝負に関しての劣等感はない。

とかく若者はそういう問題でコンプレックスを抱くだろ? それはね、自分をつらぬくことより他人からの評価のほうを気にするからだ。いつもぼくが言っているように、現代の教育システムがバカな構造になっていることが問題なんだ。

たとえば、鉄棒ができる者とできない者がいるとする。すると、すごいとか偉いという評価を受けるのは鉄棒ができる者だ。オリンピックだってそう。かつて近代オリンピックの父と言われたクーベルタン男爵は〝オリンピックは参加することに意義がある〟と言った。それは正しい。しかし、それなのに、いまのオリンピックは金メダルをとった者だけが偉いとか英雄のようなあつかいを受ける。

ぼくはそういう意味の劣等感をもったことはない。

ぼくは、勝負ごとにかぎらず、勝とうが負けようがどっちでもいいんだ。強いとか弱いなんて考えたこともない。平気なんだ。

勝って結構、負けて結構。

ただ、完全燃焼、全力をつくす。そういう主義をつらぬいている。

たとえばゴルフでも、自分なりにベストをつくしてプレイをするが、一緒にコースを回る人の成績がどうのこうのということは、いっさい気にしない。

自分の打ったボールがどこへ飛ぼうがかまわない。スカッと飛びさえすればいい気持ちなんだ。

テニスをやるときもそう。テニスは下手だけど、下手だということを恥ずかしがったり、気にしたことはない。

しかしもちろん、コンプレックスがぜんぜんないわけじゃない。

自分自身に対するコンプレックスだ。

イライラしたりおもしろくなくなったり、そういう自分に対して嫌悪感が心のなかで渦巻くんだ。こういう自己に対する嫌悪感は、なにもしないで漠然と無意味に時を過ごしているときに起こるね。

そういうときにこそ、他人の眼を気にしない、決しておもねらない創造的な仕事をする。とたんに嫌悪感はふっとんで、心がすーっとひらく。仕事をしているときは、嫌悪感は起こらないね。

無条件な行動によって、嫌悪感を破壊してしまう。それがぼくのコンプレックス解消法だ。

ダメならかえっておもしろいじゃないか

キミは、劣等コンプレックスをよそから与えられたもののように思いこんでいるかもしれないが、そうじゃない。もともとは自分自身がつくりあげたものだ。

多くの人は、自分が抱いているコンプレックスを他人のせいにしている。親や兄弟にバカにされたりすると、いつもそういう目で見られているようにヒガむ。でもそれは、自分自身がそう思いこんでいるだけだ。

ふつう言われている劣等コンプレックスとは、自分にはこんな欠点がある、劣っている、と自分で自分を決めつけてしまうこと。

劣等コンプレックスから脱け出すには、その劣っている面じゃない、素晴らしいほうの面から自分を見かえして、自分は決してダメじゃないんだと心をふくらますとか、ダメならかえっておもしろいじゃないか、というように発想を変えてみることだ。

そうすれば心がもっと自由になるし、心が自由になれば周囲の視線も気にならなくなる。むしろ、いままではバカにして自分を見ていると思っていた周囲の視線が、やさしく見えてくる。

コンプレックスをもっていると、どうしても人の視線が気になると言うかもしれないが、それは劣等コンプレックスをもっている者が勝手にそう思いこんでいるだけで、いつもみんながバカにして見ているわけじゃない。

相手を怨《うら》むのは筋ちがいだ。むしろ、そういうコンプレックスを抱いてしまう自分自身を問題の対象にすべきだな。

無目的に生きる。それがぼくの目的だった

みんなの運命を代表する

就職や職業に関する悩みはキミだけのものじゃない。世の中の若者みんなが抱いている悩みであり、問題だ。そういうなかから抜け出すには、いま自分が置かれている孤独、孤独になった状況のなかから『自分』を発見することが大切だ。

その方法は、人によっていろいろある。たとえば深くものごとを思索する、本を読む、自分の好きなスポーツに打ちこむ。

なにも就職口だけが人間のすべてを決定するわけじゃない。どうも近頃、一億総サラリーマン化しちゃって、いい就職、つまり大会社とかお役所に勤めることにばかり殺到するようだけれど、それがはたしてそんなに素晴らしい生き方だろうか。

自分がほんとうに生きるとはどういうことなんだろう、ってことを社会の枠とかパターンにとらわれずに徹底的に考えてみたらどうだい？

学校を出てすぐに、偶然どこかの企業に入ってしまったばっかりに、それを捨てるのも惜しい。そこでずるずるっとサラリーマンとして一生を過ごしてしまう。いったいこれがオレのほんとうの人生なんだろうか、とひそかに迷い、悔いている人はたくさんいるだろう。

たとえ小さな工場で働いたって、自分の生き方全体として納得する、充実した生活をつくっていけばいい。そして実社会のさまざまの経験に自分をぶつけて、真の自己を発見する。そうしたら、必ず新しい世界がひらけてくる。

人間には孤独のなかで純粋に生きる力がある。そのなかで自分を再発見して、ほんとうに生きられる道を見つければいい。

そのためには、自分の生活そのものについて深く考えたり本を読んだり、あるいはスポーツをやることだっていい、手段はなんでもいいんだ。システムのなかにまきこまれて、無気力に、いたずらに悩んだり苦しんだりしていては、いつまでたっても道はひらけない。

会社に勤めたっていい。食うためにはしかたがない。だが会社勤めに埋没しないことだ。休日などはまったく自由に時間が使えるのだから、その時間をいまぼくが言ったようなことに当てればいい。

キミひとりの問題じゃない。なにも悲観することはない。自分だけが——と思いこむから陰気になる。自分がみんなの運命を代表しているくらいのつもりで、どういうふうに生きてみせるか、やってごらん。

運命とぶつかりあいながら生きる

プロ野球にはドラフト制度というものがあるね。

プロだから、成績次第で巨額の報酬も取れるし、またポイと放り出されることもある。自分の力で勝負するんだから、自分にあった、好きな球団でやりたいと思うのは当然だ。そういう選手の意志をぜんぜん認めないドラフト制度は、プロ野球の魅力を自ら減殺していると思う。

巨人だけに圧倒的な人気のあった時代に、そこにばっかりいい選手が集中してしまうのを防ごうとして考えだされた制度らしいが、いまのように実力伯仲して人気も分散してきたら、そんなシステムはもうやめたほうがいいと思うね。

では、もし自分が希望する球団以外のチームからドラフトの指名を受けたら、どうしたらいいか。

いくらおかしい、けしからんと言ったって制度は制度だ。自分が嫌っている球団から指名を受けた場合は、そのチームに入るか、プロになることをあきらめるしかないわけだろう。

だったら、どういう運命になるかわからないけれど、その球団でやってみればいいじゃないか。たとえ自分の嫌っている球団だって、プレイすることには変わりはない。

Aの球団は卑しくて、Bの球団は素晴らしいということはない。どの球団に入ったところで、しょせんは〝勝つか負けるか〟を争っているにすぎない。

どうしてもプロの選手になりたいのならば、そう割り切って、どのチームに入ってもオレの力でチームをもりあげてやる、と思う以外にしようがないな。

小さい頃からのあこがれのチームがある、というのはわかるよ。でも、〝あこがれ〟なんて現実的にはあまり意味がないものさ。あこがれなんて遠くから見た架空のイメージだ。実際になかへ入って実体を見れば、またさまざまの体験をすれば、あこがれがいかにむなしいかがわかるだろう。

人気がある強いチームに入って、ほかの球団に入団した選手よりずばぬけた成績をあげたいという意欲に燃えるかもしれないが、むしろ弱小球団に入ってベストをつくし、その結果、成績をあげるほうがほんとうのスポーツの姿だし、プロだと思うね。長島のような典型的なスターが最強のチームに入って栄光に輝くというのもプロ野球の魅力だろうけれど、チームは弱くても、ただひとりサッソーとして頑張っていた、っていうのもいいじゃないか。まさにプロの見せ場だよ。

プロを選ぶ以上、国家公務員や大会社のサラリーマンになって一生を無難に安定して送ろうっていうんじゃなく、勝負に出たんだから、むしろ情熱を燃やして、どんなチームでも自分のベストをつくすべきだと思うな。

野球選手ばかりじゃないよ。人生の問題として考えたら、じつは人間、だれでもドラフト制度のなかにいるようなものだ。運命は自分で選ぶことができないんだから。この世に自分の選択権をもって生きている人間なんて、ほとんどいないと言っていい。

ぼくがいつも言っているように、プラスに賭けるか、マイナスに賭けるか、生き方としてはどちらかしかない。

人間は自分だけで生きているんじゃない、運命とぶつかりあいながら生きているんだ。

己れだけが自分じゃなく、向こうから迫ってくる運命も、自分自身なんだよ。

運命を切り離して自分の存在を考えるのはまちがっている。巨人に入れば人気が出るとか、コマーシャルの副収入も増えるとか言われるが、そんな〝条件〟は些末なことだ。ほんとうの人生のスジじゃない。

すっ裸で生きられる条件のなかへ

だれもが、とかく自分ひとりだけが恵まれない境遇にあると思いがちだ。この世の不幸を一身に背負っている、とね。

でも、それはキミの思いすごしだ。それにね、いまの状況をマイナスとしてしかとらえられないんだったら、キミは意気地なしだよ。

人生の重荷は、背骨のしっかりした者が背負うんだ。

どうせ荷物を背負わなきゃならないのにキョロキョロよそ見をしたり、泣き言なんか言ってはダメだ。腰をすえて、堂々と、つらそうな顔なんかコレッポッチも見せずに、にこやかに荷を背負う。

外側の条件ばかり考えちゃダメだよ。要は自分がどう運命を受けとめるかなんだから。

外から見ると社会的によい条件で仕事をしていると見える人がいる。一方で、悪条件のなかで生活と闘っている者もいる。

その両者を比較したとき、どちらが生活に充実感を覚えているか、考えてごらん。社会的によい条件で仕事をしている者が必ずしも充実感を手にしているかどうか。

外から見ればうまくいっているとか、成功しているように見える者のほうが、逆に充実感を失っているのが現実だ。世の中で俗に成功したという者のほうが人生に絶望しているんだ。

いまの世の中、どんな生き方をしても、この社会ではみんな似たようにカッコーだけで生きている。総理大臣になってテレビの前でニコニコ笑って見せている人だって、けっして心が充実しているわけじゃない。

なにかに全力をぶっつけて生きていけばいいんだ。

そう決意し、むしろマイナスの面に賭けたほうが人生はおもしろくなる。

自分より条件のいい人を見てうらやましがったりするなんて、バカげてる。それよりもむしろ悪条件で闘っている者のほうが、すっ裸で生きられる条件のなかにあるんだ。

自分に与えられた運命、自分が選んだ運命に絶対観で身心をぶっつけること。それによって、ほんとうに人間として充実した生き方ができる。外から見たカッコーだけの条件にこだわっていたら、キミは永遠にむなしくなるだけだ。腹を決めて生きていくことをぼくは奨めるな。

運命孝行しよう

親の期待を退けてでも、自分の心に誠実にどこまでも己れの意志をつらぬくことは、はたして親不孝なのだろうか。

そんなことはない。親の時代とこどもの時代はちがうからだ。純粋に自分の生き方をつらぬこうとしたら、自分のスジを通すべきだ。

これは親子関係の場合に限らないけども、日本の習慣でぼくがどうしても納得できないことのひとつは、お互いにごまかしあうことが一種の〝美徳〟になっていること。自分は相手の意見や考えに反対でも、口では賛成ですと言ってみたり、あるいはお互いに考えをあわせてだらだらと妥協しあっていく。

そうしないといろいろと面倒な問題が起こると思って迎合してしまう。これがなんでも無難に、といういままでの日本の習慣だった。

相手と殴りあいの喧嘩になっても自分のスジをつらぬき通せ、と言ってるわけじゃないよ。そんな殴りあいは愚行だ。

自分のスジを通そうと思ったら、逆にデリケートに相手の気持ちをつかんでいかなければならない。両親のいうことと対立したことをやる場合もそうだ。

自分はますます繊細な気持ちになって両親の気持ちをつかみ、親も生かし自分も生きる。両親よりもっともっと成熟しているべきだ。

人生で本筋を通そうとすればするほど、どうしたって一般の常識とは対立する。このときデリカシーをもってその対立を逆に生かしていけば、お互いの生き方が生きてくる。

ぼく自身の場合を考えても、親の期待はあったろうと思う。でもぼくは自分のスジを通して、勝手に生きたからね。

母親が死ぬまでの十年間は、ぼくはパリにいて、母は日本にいた。つまり母とぼくは別れて暮らしていた。『母の手紙』というぼくの本を読んでくれればわかるけど、お互いがぜんぜんちがった生き方をして、ぶつかりあいながら、ほんとうは溶けこんでいる。だから川端康成はこの本の序文にこう書いている。

「家族といふもの、夫婦親子といふ結びつきの生きやうについて考へる時、私はいつも必ず岡本一家を一つの手本として一方に置く。この三人は日本人の家族としては、まことに珍らしく、お互ひを高く生かし合ひながら、お互ひが高く生きた」

ぼくは父から画家を目指せと言われたこともないし、絵は好きだったが、ただの絵描きになろうとも思わなかった。もっと自由に生きたい。なにか、ほんとうに自分らしく。ぼくは自分の仕事というか職業を狭く決めてしまうのは、どうもおもしろくなかったんだ。

ぼくが絵を描くようになったのは、自由になれるから。

学校教育は、いまとおなじつめこみ主義で、そのうえ先生の態度もこどもの気持ちを理解しようとはしないおもしろくないものだった。ぼくがいちばん自由になれるのは、絵を描く時間だったんだ。それも先生に気に入られるような絵じゃなくて、勝手な絵を描いた。

習字の時間でも、ふつうだったら決まりきったかたちで書くけど、ぼくはとんでもないかたちの字を書いた。しまいに先生のほうがあきらめちゃって〝これはただおもしろいな、変わったことをやるな〟と逆に感心していたね。

こどもの頃、〝末は大臣か大将か〟とよく言われていたけど、ぼくはそのときでも、とても卑しい言葉だと思っていた。なんで夢という広いものを、大臣とか大将という野心的なものに限定しなければならないのか。ぼくは人生すべてが夢だと思っていたからね。

ぼくは、純粋に自分の生き方をつらぬいて生きていきたいと思った。目的をもたないことが〝ぼくの目的〟だった。限定された目的なんかもちたくない。いつも目的を超えて平気でいる。そこから自分がひらけていく。

ぼくは自分をつらぬくために小学校一年のとき、たったひとりで先生と闘った。そのために学校を四回も変えた。闘いつづけたんだ。

美術学校を受けるとき、両親は賛成も反対もなかった。なんでもこちらの自由にまかせていた。親孝行とか親不孝ではなく、ぼくの場合は〝運命孝行〟だったんだな。

人生は、キミ自身が決意し、つらぬくんだ。だれがなんと言おうと、キミ自身だ。

第三章

キミも人間全体として生きてみないか

人間全体として生きることをパリで学んだ

ぼくのつかんだ自由

ぼくがパリへ行ったのは、昭和四年（一九二九年）十八歳のとき。箱根丸という船で四十日以上の船旅だった。美術学校に入ったけど、すぐに退学して渡仏したんだ。イギリスとドイツに仕事があった両親（岡本一平・かの子）が一緒だった。

それまで芸術というと、日本では、専門家や上流社会の人にしか理解できないものだという狭い、閉ざされた考えがあった。それに対してフランスの芸術は一部の特権階級のものじゃなく、みんなのものだった。ぼく自身、そういうフランスに自由があると思った。

フランス語は日本でも勉強していたけれど、そんなものは役に立ちっこないだろう。

だから、フランスに着いて両親と別れて、パンシオン・フランショという学校の寄宿舎に入った。

ぼくはまず相手の目を見つめた。言葉なんかわからなくたって、目と目があえば同じ人間だもの、意思は伝わるものさ。日本人はコンプレックスがあるから、なかなか外国語をマスターできない。中学生と一緒に数学や歴史を勉強したり、詩の暗誦をさせられたり。しかも寄宿舎だからね。生活は、彼らのなかに溶けこんでいくうちに自然に身についた。それからソルボンヌに入学したんだ。

その頃にはモンパルナッスの近くにアトリエをもって絵を描きはじめていたけれど、ただ手先だけの絵描きに、職人であることに疑問をもった。まずこの土地、フランスで人間として生きることからはじめたかった。哲学、社会学、それから民族学に移って、難しい試験も受けたし、情熱的に勉強したよ。ジョルジュ・バタイユなんていう、すごい思想家たちと組織をつくったり——。

一方では、アプストラクシオン・クレアシオン協会という前衛芸術運動に参加して、展覧会をやったり、機関誌を出したり。ぼくはその頃二十二歳、メンバーのなかでもズバ抜けて若かったから、人気者だったね。

けっきょくパリに十一年いて、昭和十五年（一九四〇年）の夏、ヒットラーの軍隊がパリに入ってくる直前に日本に帰ってきた。

ぼくはパリで、人間全体として生きることを学んだ。

画家とか彫刻家とかひとつの職業に限定されないで、もっと広く人間全体として生きる。それがぼくのつかんだ自由だ。

だからぼくは、ただ職業のなかだけで生きるなんて、じつにつまらないと思っている。

日本人でも溶けあえた

ぼくは二十一歳からパリ大学へ通って、カント、ヘーゲルの哲学や社会学を勉強した。ぼくは芸術家だが、ただ手先だけできれいなものを描く絵描きとして一生を終わりたくなかったからだ。もっと人間全体として生きたかった。

カントの哲学なんてえらい堅い学問かと思ったのだが、ヴィクトール・バッシュという教授が情熱的に講義をすると、ひどくロマンチックでね。その先生はボヘミヤン・

ネクタイをしているんだが、熱を帯びてくるとそれがぱあっとひるがえって、両手をふりかざし、ものすごくドラマチックでさえあった。

ぼくはものすごく感動した。

哲学はけっして冷たい学問じゃなく、とても熱烈なもんだと知ったんだ。

小説も読みあさった。思想的な問題ともぶつかりあって、いまではもうほとんど亡くなったが、世界の歴史に残るような人々とも親しく問題をぶつけあった。こんど平凡社から画集が出たんだけれど、そのなかにワルドベルグとクロソフスキーがその頃のことをこまごまと書いているよ。これは日本人としては、じつに珍しいことだったね。

日本人だからって気後れなんかぜんぜんなかった。まったく溶けあうことができた。同じ血のかよいあった同志としてつきあったんだ。

ピカソは根源的なひろがりをもっていた

パリ時代には芸術運動のまっただ中にいたわけだから、いろいろな画家とつきあったが、ぼくがそういう道につき進んでいったきっかけになったのはピカソなんだ。ピカソについては『青春ピカソ』という本を一冊書いているくらいだよ。

ピカソの初期の作品で素晴らしいのは『アビニヨンの娘たち』。これはピカソが黒人芸術をはじめて見て感動して、描いたなかの作品だ。

日本人の常識では、初期の「青の時代」を評価する人が多いが、ぼくはあんまり好きじゃない。まだピカソがほんとうのピカソになる以前だからだね。「青の時代」のピカソはまだヨーロッパの絵だった。

しかし、その「青の時代」を経て『アビニヨンの娘たち』を描いてから、ピカソは根源的なひろがりを見せていった。

頭や才能だけで描いた絵とはちがって、人間としての根源的なものが描かれていったんだ。これは芸術としていちばん素晴らしいことだ。だからといってピカソに才能がないわけじゃないよ。それどころか人の数倍の才能をもち、頭もすぐれていた。それなのに、彼はそれを自分の手で、一つひとつぶっこわしていった。だから、だんだん作品が生きていったんだ。

ピカソはとても親しみやすい人で、会ったときは友人のように話しあった。

おもしろかったのは、ピカソはぼくと身長がおなじだったことだ。ためしに手相をくらべてみたら、これもまったくよく似た手相をしていた。手の大きさまでおなじで、さらに話してみてわかったんだが、考え方まで似ていた。

会ったのは南フランスのヴァロリスにある彼の家だったけど、ピカソはそこで焼き物などをつくっていた。ぼくの人生で忘れられない人のひとりだね。

感動が自分を再発見させる

ぼくはだれを尊敬するとか、だれは尊敬しないなんていう区別はしない。昔からそうなんだ。

絵でだれを尊敬するかってたずねられれば、ほかにいないからピカソだって答えるけども、そんなことにこだわる必要はないんだよ。

ぼくが人生で大切にしたいのは、〝尊敬〟よりも〝感動〟だ。

どんな人であっても、ある瞬間その人に感動すれば、それがぶつかりあいだ。ある点を尊敬するから、その人のどこもかしこも尊敬するなんて決めこむのはバカげてる。

だってね、よく考えてごらん。尊敬するってのは自分がするんだろ？　だったら、もっと自分を高めていけばいいじゃないか。ぼくの場合で言えば、縄文式土器にはじめて接したとき——あの文様、そして、そこから感じられる日本の土の匂い、うめき、ずぶとい執拗さ。根源的な魔的な神秘の力の噴出。ぼくは感動した。

それと同時に、そのときぼくは感動する自分を発見していた。つまり自己発見だ。

これはひどくまた感動的だった。

感動しっぱなしでなく、感動する自分を発見しなければいけない。

あれはぼくがパリに行って四年目——だから、一九三二、三年頃だったと思う。

当時、ぼくはアブストラクション・クレアシオンという、アヴァンギャルドの抽象芸術の運動に参加していた。この芸術運動は従来の絵画の約束ごとや形式をすべて否定したところから出発した、新しい造型の可能性を探究するのが目的だった。

ラテン区のサン・ミッシェル通りを歩いていたんだが、そのとき偶然、本屋のショーウインドウで見たのが、尾形光琳の代表作『紅白梅流水図』の複製画だった。

ぼくは日本の暗く重い芸術形式に不信を抱き、絶望してパリへ行った。しかし光琳の絵だけはちがった。真正面からぶつかってくるピーンとした緊張があった。

ぼくはこのときも感動した。そして感動する自分自身を再発見した。

そこで尊敬の問題にもどるけど、ぼくは尊敬する人をもつことは甘えだと思う。

自分がなにか困難に直面したとき、誰さんならこうしただろうと、自分が尊敬する人を引きあいに出して、その人がやったようにマネてみたりする。これじゃ、自分の意志なんてないじゃないか。まるっきり責任を転嫁しているだけだ。甘えだよ。それよりも感動を大切にしろとぼくは言いたいね。

感動というフレッシュな感情にふれるたびに、自分を再発見してそこからさらに高めていく。この精神的飛躍がなければ生きている意味がないじゃないか。

感動とは心の奥底で溶けあうこと

ぼくが感動と言うのは、〝自分〟が感動したことだ。

感動とは、自分の心の奥底に潜んでいるものとピタッとぶつかりあい、溶けあうこと。

たとえば、ぼくはトルストイやドストエフスキーを読んで感動した。とくにドストエフスキーには共感したね。文学から革命運動に参加して、最後にシベリアに流刑されたドストエフスキーの生き方と、彼の絶望の文学には息づまるほど感動した。

どの部分がどうだったか、またどの部分に感動したかなんて細かいことはもうあまり記憶にない。記憶にないのは、感動した瞬間、こちらの血肉になるからだ。だれがどういうことを言ったかは問題じゃない。

感動した瞬間からぼくの血肉になる。自分がさらに昂揚《こうよう》する。それは〝ぼくの問題〟なんだ。

人間はさまざまな要素、深みがあるから、感動する文学作品はいっぱいある。少しでも多くの本を読んで、キミ自身、感動する作品を発見すべきだ。感動したとき、それはキミの血肉となってそのときからキミ自身のものになる。

文学にしてもそのほかの芸術にしても、いちばん大切なのは、キミが感動するものを発見し、めぐり合うこと。いたずらに高名な文学者や芸術家の名前にこだわって作品を選ぶことはない。

直接伝わってくる人間学

ぼくがパリに行った当時も、日本の状況にあっては、絵描きという職業は、ぼくのような生き方をつらぬくにはひどく絶望的だった。それに絵を描くだけでなく、もっと広く全人間的に生きたかったから、ソルボンヌに通って哲学の勉強をしたんだ。

先に言ったように、パリ大学の哲学科の学生だったときに、ぼくはヴィクトール・バッシュ教授の「ヘーゲルの美学」の講座をとった。

講義はカントの「純粋理性批判」からスタートしたが、バッシュ博士が両手をひろげて烈々《れつれつ》と講義をすると、それはすごい迫力で、ぼくは情熱的な教授の講義に興奮し感動した。このバッシュ教授はのちにナチスに捕えられて死刑になったんだが、死の瞬間までスジを通した素晴らしい先生だった。

カバンを抱えて毎日ソルボンヌに通うぼくを見て、日本から来ていた画家は〝そんな時間があるなら、デッサンを一枚でも多く描けばいいじゃないか〟と悪口を言った。キャフェのテラスでフランス語の本を読んでいると、〝あいつは日本人のくせに、フランス語の本を読んでいる〟と、また悪口だ。ぼくはそんな陰口には耳をかさずに一生懸命に勉強した。

哲学のほか、パリ大学で心理学や社会学も学んだ。それから民族学と出合ったんだ。ちょうど一九三七年にパリ万国博の跡地に人間博物館（ミューゼ・ド・ロム）が開設された。

日本ではこの年に日中戦争がはじまり、さらに四年後には第二次世界大戦がはじまるわけだが、パリにはまだ自由な雰囲気が満ちていた。で、ぼくはね、この新設された人間博物館のなかに入ったとき、あっと声をあげてしまった。ものすごい資料がギッシリつまっていたからだ。世界中から集めた貴重な資料だ。

それまで学んだ抽象的論理よりも、この豊富な資料をもとに、時空を超えた人間本来のあり方や、そこから湧き、そして漂ってくる強烈な生活感、直接伝わってくる人間学を学ぶべきだと思った。それで試験を受けた。フランス人が半分以上落ちたが、ぼくは合格した。哲学科の学生だったぼくは、今度は民族学科の学生になった。絵を描くことを一時やめてね。

戦争が絆まで破壊した

この民族学科で、ぼくは得がたい師、マルセル・モース教授と出会い、そして弟子になった。民族学の講義は、資料に囲まれた人間博物館のなかで行われた。

フランス民族学の主柱だったモース教授の講義は、幅広く奥深かった。ぼくは充実した学生生活を送った。

一九四〇年の春までは、ヨーロッパの戦況は学業に影響を与えなかった。だが次第に情勢が悪くなってね。やがて初夏を迎える頃だが、独軍の攻勢が急に激しくなったんだ。そして独軍が怒濤《どとう》のようにパリめがけて迫ってきた。もうフランスの敗色は決定的だった。独軍に占領されたパリに留まっていても意味はない。

ぼくは帰国を決心した。一九四〇年六月三日、パリに独空軍の爆撃があった。はじめてのパリ爆撃だ。独軍がパリに突入したのはそれから間もなくだった。

ぼくは帰国を決意して、モース教授に別れを告げにいった。

日本は独逸《ドイツ》、伊太利《イタリー》と協定を結んでいたから、独逸と友好国民のぼくは教授にとっては敵国人だ。パリ大学の教授たちがぼくを見る目は複雑だった。

モース教授のほかに、リヴェ博士という恩師がいた。しかし、敵国となった日本に帰っていくぼくに対して、リヴェ博士の態度は冷たかった。すべては戦争だ。戦争が恩師と生徒の絆まで破壊してしまった。ぼくは悲しかった。

やがて、ぼくはモース教授の前に行った。教授はいつもと変わらないやさしい微笑《ほほえ》みをたたえて、こう言った。〝日本の知友によろしく伝えてください〟。

ぼくは返す言葉もなかった。

その後、モース教授は独軍パリ占領中に亡くなった。リヴェ教授は戦後、学術団体に招かれて来日したことがある。でも、ぼくが教授の来日を知ったときは、もう日本を去ったあとだった。とっても会いたかったんだがね。そのリヴェ教授もその後、亡くなった。

ぼくはついにふたりの恩師と会わずじまいになってしまった。三十九年前の別れを最後としてね。いまも、ぼくの心のなかには、モース教授の姿が、教えが、あの声が生きつづけている。

ぼくは覚悟を決めて、〝勝てません〟とハッキリ答えた

戦争ではなく、精神的な闘い

ぼくはどんな理由にしろ、戦争は絶対反対論者だ。政治的条件や利害などいろいろな条件が錯綜しからみあって、かつ人間を狭くする国民意識が加わって戦争は起こる。そんなものは汚い。

鉄砲やミサイルなんかを使って、関係ない人間を殺すのは愚かなことだ。戦争で自分が殺した相手は、平和なとき出会えば、兄弟以上に精神的に交流できる相手だったかもしれないんだ。

戦争はまったく意味ない愚行だ。国と国との戦争というやつは、人間一人ひとりとは関係のない政治的経済的、いや、その他もろもろのことが条件になっているからね。

大義名分をうたっても、すべて政治的経済的条件によって起きている。そこには人間的、本質的問題が介入すべき余地なんてありゃしない。

そうじゃなくて、精神的な闘いをすればいいんだ。そのために死ぬなら死んでもいいじゃないか、というぐらいの気持ちで精神的な闘いをすべきだ。

現代人が失っているものは精神だ。それが人間を堕落させているんだから。いま最も必要なのは精神的な〝蓄え〟だよ。これは言葉で言ってしまえば簡単なようだが、非常にむずかしい問題だ。

でも、精神で闘えばそこではじめて大切な蓄えができる。そのために滅びる者が出たら、滅びたほうがいいと思うくらいだ。くだらん奴らのほうがいま力をもっているこの世の中で、そういうところではたして精神を凝結させて、ほんとうの精神の闘いができるかどうか、これはたいへん疑問だが。

覚悟を決めて「勝てません」

ぼくは中国大陸へ一兵士として出征した。

いよいよ戦地へ行くというときに、ぼくと親しくしていた実業家が、ある料亭で送別の宴《うたげ》をひらいてくれた。

そのとき彼は〝この戦争は一年で終わりますよ〟と言ったんだ。ぼくはこの言葉ではっとした。そして〝日本の経済は、一年間しか戦争を持ちこたえられないんだな〟と直感した。

ぼくは日本が負けると宣言していたことを裏づけされたように思った。でもね、軍隊のなかで〝日本は負ける〟と言ったら、たちまち死刑にされてしまうだろ。それでなくてもフランス帰りのぼくは、軍隊のなかでも自由主義者のレッテルを貼られていたんだ。班長に目の敵《かたき》にされていた。

ぼくはヨーロッパに長く暮らしたから、将校たちによく外国の情報を聞かれたし、話した。当時は日独伊三国同盟が結ばれていて、〝ドイツはヨーロッパを征服し、日本は東洋で勝利する。日本とドイツは最後にシベリアで雌雄《しゆう》を決することになるだろう〟と言われていた。

士官が〝岡本はヨーロッパでドイツがけっきょくは負けると言うが、日本も勝てんと言うのか〟とつめよるから、ぼくは覚悟を決めて、〝勝てません〟とハッキリ答えた。相手の将校はびっくりしたような顔をしてから、次に憎々し気にぼくをにらんだ。軍隊のなかでこんなことを正面きって言う奴はいない。このときぼくは命がけだった。そうすると、将校に〝お前はヨーロッパに長く住んでいたから俺たちよりも世界のことを知っているかもしれないが、雑誌『改造』や『中央公論』などに載っている専門の研究者は日本が勝つと書いておる。岡本はそう言うが、専門家が勝つと言っているのだから、お前のほうがまちがっているんだ〟って言われた。

インテリと称する将校の〝素直さ〟にぼくはあきれて、それ以上なにも言う気にならなかった。ぼくは「日本は勝たない」と断言したが、負けるとは言わなかった。もし負けると言ったら、銃殺されていたところだ。

思想は悲劇的に社会と対立する

話は戻るが、ぼくがパリに行って四、五年たった頃に、日本から遊学にきた数人の若者と知りあった。仮にそのなかのひとりをここではAとしておこう。

Aはぼくと顔見知りになると、芸術論をふっかけてきた。Aが振りまわすのは左翼的な公式論で、唯物弁証法だけが正しいと教科書を読むようにしゃべり立てて、インターナショナルを歌ったりした。

当時の日本では、左翼思想を振りまわすことがインテリゲンチャの典型であるかのように見られていたが、日本を離れていたぼくは、素朴なAの教条主義にあきれ果てたね。

やがて日中戦争がはじまった。日本軍が大陸に侵略して、大勝利をおさめているという派手な記事がパリの新聞にも載った。ぼくはそれを見て、なにか言いようのない気分に襲われてね。

それで、たまたまひさしぶりにAと会ったとき、左翼思想のAの気持ちが聞きたくなって、君たちは中国戦線での日本軍の行動をどう思うか、あれはあきらかに悪質な侵略だと思うがと言った。

するとAは、とんでもない、日本は勝たなければいけない、ぜったいに引く必要はない、と昂然《こうぜん》と答えた。ぼくはアッと思った。左翼思想が、いつのまにか右翼思想に転換しちゃっている。

ぼくは言いようのない失望感を味わった。ほんものの思想だったら、情況はどうあれ、そんなに簡単にコロコロと変わるものではないはずだ。

Aとの話はまだつづくんだ。ぼくは太平洋戦争の直前に日本に帰ってきた。十一年ぶりで帰ってきた日本で、ぼくは古典にふれてみたくて、新橋演舞場へ歌舞伎を観に出かけた。そこでは歌舞伎十八番の『暫《しばらく》』と、もうひとつは戦時中ということもあって『乃木大将』を演《や》っていた。

ぼくは『暫』だけ観れば用はなかった。好戦的風潮にあわせた『乃木大将』のほうは観たくもなかった。それで『暫』が終わったとき帰ろうとして席を立った。ところがロビーで偶然にもパリ時代のAとバッタリ出会ったんだ。

お互い、奇遇にびっくりしてね。Aが、〝珍しいね、なにを観に来たのか〟と訊くから、ぼくは〝『暫』だ〟と言った。そうしたら、さも意外だというような顔をして、自分は『乃木大将』だけを観に来たと言うんだ。

そしてぼくを見下すように〝『暫』なんか観る必要はないから、いま来たところだ〟

と言った。Ａの右翼思想はますます強固なものになっていた。ぼくは索漠《さくばく》とした気持ちになった。

太平洋戦争がやがて終わり、終戦直後の銀座。当時はまだバーはわずかしかなかったんだが、そのなかの一軒に入ったとき、そこで再びＡと会ったんだ。

ぼくは懐かしさを感じて、Ａに〝とうとう負けたな〟と言った。ところがＡは〝日本は勝ったんだ〟と言うんだ。日本は世界ではじめて戦争放棄を憲法に明文化して、軍備をいっさい撤廃する。これで名実ともに平和国家となる。文化国家として再出発する。これこそ勝利以外のなにものでもない。だから勝ったんだと言う。

今度は、右翼思想から一転して民主主義――。ところが、そのＡはそれから二十年後に今度は再び変わって、再軍備論、憲法改正派になったそうだ。

Ａは昭和の初期からの日本のインテリの典型だ。当時のインテリと称する人たちは、こうした変節の自覚がまったくないタイプがほとんどでね。時代に応じて自分の色を臨機応変に変えていった。

ほんとうの思想とは、このＡとは正反対に、自分のスジをつらぬき、守り通すことだ。だから思想はほとんどの場合、社会の情勢とは悲劇的に対立する。しかし、その対決で世界は充実していく。それが〝思想〟だよ。

ギリギリの表現でつらぬいた反戦

ぼくは軍隊にいて絶望的だった。そして反戦思想をつらぬきつづけた。随分ぶん殴られもした。しかし殺されずに済んだのは、ぼくが人間的だったからだ。軍隊は狭い世界だ。

そこで反戦を標榜したら、即銃殺だ。だから銃殺されないギリギリの表現で、日本は絶対に勝てないと断言した。そのために銃殺されるのではないかという怖れも感じたが、人間的であったがゆえに、なぜか人気者だったんだ。だから許されたんだと思うね。もしも負けると言ったらほんとうに銃殺されるから、〝勝てない〟というギリギリの表現で、反戦思想をかかげた。

敗戦で軍隊はなくなったけど、いままでいばり散らしていた上官に〝ざまあみろ〟なんていう態度はとらなかった。

もともと戦争中もぼくは上官や部下とは人間的につきあってきたから、敗戦という状況が変わっても、ぼくの態度はいっさい変わらなかった。ただ敗戦と決定しても、まだ、ぼくが以前から日本は戦争に勝てないと言っていたことにこだわっている上官が何人かいたがね。

でも戦友はいい。いまでもよく家に訪ねてくる。そして〝あの頃、日本の敗戦を予言していたなんて、先見の明がありましたね〟と言うんだ。

先見の明よりも、ぼくにはそうとしか思えなかったんだよ。

生きるために生きものを食いあさる

中国にいたといっても、兵隊のときはほとんど民衆と接する機会はなかった。

ぼくが絵を描くことは師団中の兵隊が知っていたから、あるとき師団長の肖像画をたのまれて描いたことがある。でも軍隊には油絵の絵具やキャンバスはないから、買いに出かけた。

たしか漢口の近くに駐屯している頃だったと思うが、街へ行って絵の道具を買ってきたんだ。制作中は毎日、師団長の部屋へ行って描くわけだ。

その人は、戦後、日本に引き揚げてくるとき、その絵を大事にもってきて、いまも保管しているという噂を聞いたことがある。

ぼくは輜重兵《しちょうへい》（武器や食べものなどを運ぶ兵）だったんだが、鉄砲を撃ったことはいっぺんもない。自動車で進撃しているとき、中国兵にバンバン撃たれそうになったことはあるけどね。

もちろん銃はもっていた。歩兵が使う三八《サンパチ》銃じゃなくて、銃身が短くて三八銃よりも軽い騎兵銃をいつも運転台の後に掛けていたんだ。

生きるか死ぬかの戦場で感じたのは、生命の問題だ。

世界に生きているあらゆる生命というやつは、ザワザワと音を立てて、からみあい、食いあっているものだということを痛切に感じた。

大陸の夜はね、しんと静まり返って、ものすごく漆黒《しっこく》の闇が深い。ひとりで銃剣を構えて歩哨《ほしょう》に立っているとき、ザァーッと地の底から響いてくる〝音〟を聞いたんだ。

ぼくはなんだろうと思って、暗闇のなかを音のするほうに向かって歩いていった。

すると、そこにまっ白い像があった。

それは軍馬の死骸だった。悪路の行軍の果てに、ついに力尽きて死んだんだろう。夜空に向かって首をあげてね、前脚をつっぱってのけぞって死んでいた。白馬だったわけじゃない。ウジだよ、ウジ。まっ白いウジが馬の死骸からわいて、燐光《りんこう》のように光っていたんだ。ザァーッという物音は、そのウジがうごめく音だった。生きるために、生きものを食いあさる。

人間だって、孤独のなかで静かに瞑想していても、その裏側ではウジと同じでザァーッと音をあげて生命の炎が燃えているんだ。生命とはそれほど凄まじいものなんだよ。

戦場という世界は、その生命がナマの姿でムキ出しになるところだ。これほど生と死が、ナマのかたちで現れる場所はほかにない。

自分のまわりに垣根をつくって、外と溶けこめるはずがない

日本だけがよければいい愛国心

愛校心にしても愛国心にしても、それはイマジネーションであって、ひとつの型にすぎない。ぼくは戦争中に日本は勝たないと言ったが、日本が嫌いでそう言ったんじゃない。

日本人だから、日本をとうぜん愛していた。それと同時に、世界中も愛していた。軍隊のように日本だけがよければいい、という考え方はもたなかった。

日本だけいいというのが愛国心で、自分の学校だけよければいいというのが愛校心だろう。そんな小さな枠にとらわれる必要はないと思うね。

よく汚職事件が起きると自殺する人が出るけど、これだって自分の会社だけがよけ

ればいいと考えているから自殺するんだ。県人会なんていう組織もそうだよ。地方から出てきて大学に入ったり会社に入ったりすると、県人会から入会をすすめてくる。入ってみると、そのなかでおなじ県人同士が憎みあったりしている。これは日本人特有の奇妙さだね。この不潔な根性が、ひいては世界の国がどうなっても日本だけがよけりゃいい、という考え方に結びつくんだ。

外国へ行っても、日本人は日本人としかつきあおうとしない傾向が強い。これがひいては、日本人だけよければいいという狭小《きょうしょう》な精神に直結する。

いつだったかも、外国でハイジャック事件が起きたとき、これを報じるテレビのアナウンサーが〝さいわい日本人は乗っていませんでした〟と言っていたが、放送という公器を借りて、絶対にこんな報道はすべきじゃない。日本人は乗っていませんでした、と言うだけならいい。〝さいわい〟乗っていませんでしたとは、なんという表現の仕方だ。日本人だけよければいいという気持ちがなくならないかぎり、日本人はいつまでたっても真の世界人にはなれやしないよ。

特殊だと思うからひらけない

日本人のほとんどは外国人と日本人を区別して意識する。それはとりもなおさず、自分を狭く制限された社会のなかにとじこめている証拠だ。

ぼくは十八歳のときパリに行ったが、たまたま日本で生まれた人間であるという意識しかもたなかった。自分が〝日本人〟だという意識をもったことは一度もない。自分ばかりか、つきあう相手をフランス人だとかイタリア人だというように意識してつきあったこともない。

戦前もそうだったが、戦後だって、外国にいる日本人は日本人とだけしかつきあおうとしない。外国にいながら、その土地の人と溶けあおうとしないんだな。

ぼくは、ある日本人にゴルフに誘われたんだが、出かけてみると、そのパーティには日本人しか来ていなかった。これはパリだけのことじゃない。ニューヨークでもロサンゼルスでもメキシコでも、ゴルフの招待を受けて出かけると、来ているのは日本人だけ。食事をするときもおなじだ。

イギリス人でもアメリカ人でも、べつに自国民だけを意識するということはない。

彼らは日本人がいるところだろうと中国人がいるところだろうと、ドンドン自分のほうから飛びこんでいって溶けあうね。

ところが、日本人同士のいるところに外国人がやってくると、露骨な拒否反応を見せないまでも、なんとなくみんなの雰囲気がちがってきてしまう。知らず知らず、外国人が日本人のなかに溶けこめないような空気を、日本人がつくってしまうんだ。

日本人ほど極端ではないが、いささか日本人的志向をもつのはドイツ人だという話を聞いたことがあるけど、それだって日本人ほどじゃない。

外国へ行ったら、自分は日本人だなんてことにこだわらないことだね。

日本人のなかにもいろんな人がいるように、アメリカ人にもフランス人にも、世界中どこへ行っても、さまざまな性格、生活感をもった人間がいる。自分とあう人もいるし、ピンとこない奴もいるだろう。だから平気で、まともに、人間同士として溶けあえばいいんだ。

それをはじめっから、自分は日本人だ、向こうは外国人だ、という枠にこだわって、互いの間に垣根をつくってしまっては、ぜんぜん意味ないな。

とりわけ日本人はそういうことに神経を使いすぎる。たしかに習慣もちがうし、はじめはマゴつくことがあるかもしれない。でもそんなことにはすぐ慣れるし、本質的な問題じゃない。

日本にやって来た外国人のことを考えてみたらいい。こちらの風習を知らないでトンチンカンなことをやったとしても、だれも悪い奴だとは思わないだろう。そいつが一生懸命こちらに溶けこもうとしている人柄のいい奴だったら、みんな好感をもつじゃないか。それと同じ。どこの国だって同じことだよ。

日本人は自分たちが特殊だと思いこみ、気にしすぎるんだ。

それと、日本国内でも他に対してひらかない奴が、外国へ行ってひらくはずがない。まずなによりも人間として魅力的であり、本物であることが先決問題だ。

自分のなかに日本の伝統が染みこんでいるから溶けこめないんじゃないか、なんて心配することはないし、染みこんでいるなら、なお結構だ。それはよその国の人たちにはない、ユニークな魅力だろうから。

じっさいには自分で思っているほど、日本的伝統なんか身につけてやしないんだ。

ただ変に特殊性だけを意識して、勝手に、自分のまわりに垣根をつくっているだけ。それではどこに行っても溶けこめるはずがないよ。

その国の料理になま身でふれる

外国の文化や人間にふれるのに、最も手っとり早い方法はなにか。

その国の文学を読むことだと言う人もいるだろうし、その国の歌に強くなることだと考える人もいるだろう。

たしかに文学にしても、歌にしても、その国の文化をなまなましく表現している。その国の言葉に強くなることがまずいちばんズバリとその文化に近づく方法だろうな。しかしこれはなかなか時間がかかるし、四カ国語も五カ国語もさっと覚えて文化を理解するというわけにはいかない。

ぼくは食いしん坊だから、最も手っとり早い方法はその国の料理を食べ、酒を飲み、なま身でふれてみることだと思うな。

世界中どこに行っても、その国の風土や歴史のなかで育ってきた料理があり、また、たいていは独特の味の酒がある。

ぼくは旅行すると、まず、なるべくポピュラーな、その土地風のレストランかバーに飛びこむことにしているんだ。そしてまわりにいる土地の人たちの雰囲気にふれ、さまざまなものを味わってみる。たとえ言葉は通じなくても、目と目があい、気分が伝われば、けっこう溶けあって楽しいもんだよ。あやしげなカタコトの単語とジェスチュアで交歓するとよけいに楽しいね。

ぼくの心のなかの世界地図は、一枚ひっくりかえすと、おいしいものと酒と、そういう人たちの笑顔で成りたっている。その土地を思い出そうとするときは、それぞれ独特の味や香りや雰囲気が、ふわあっとよみがえってくるんだ。

よく外国旅行をしても日本料理屋ばかり探して歩いてる人がいるけれど、そんなのせっかくの夢をむざむざとつぶすようなもんだ。もったいないね。

純粋に闘いあう相手、それが親友だ

親友は自分の生きがいを確認させる

心から語りあえる友人がほしいと願っている若者はとても多いだろう。現代は孤独な時代だ。そのうえ、みんな自分をひらくことがヘタになっているからね。お互いに問題をぶっつけあって相手と話しあわなければ、自分の生きがいを確認できない。そういう友だちが非常に少なくなってきているのはたしかだ。人生をどうやって生きていかなければならないかということを考えている人間が、この世の中からだんだん少なくなっているということだろう。

原因にはいろいろあるが、若者の場合で言えば、いちばん大きいのは現在の教育制度だ。記憶力だけを前提とした試験勉強をして大学に入り、大学を卒業してまともにやっていれば会社に入れる。会社に入れば、終身雇用制だから無難にやっていけば一生食べていくことができる。だから、いろいろな問題をとことん考えて、人生を考え、新しい人生観をつくりあげていこうとする人間がほとんどと言っていいくらい、いなくなっている。

学校を出て会社に入ればそれでわが人生は足れり、という無責任さだ。

どうして人間は生きなければいけないのか、どうすることがほんとうの生きがいなのか、というばん大切な問題を、お互いがぶっつけあって、あ、そうだと互いに心に響きあうようなチャンスにめぐりあえれば親友ができるかもしれない。

でも、麻雀をやったり、いたずらに喫茶店で時間をつぶして意味のないことをしゃべりあうような無責任な態度でつきあっていたのでは、親友なんかできない。

親友とは闘う相手

ぼくの意見や考えに共鳴してくれる人はみんな友人だし、反論を唱《とな》えてぶつかってきてくれる人も、ぼくの友人だ。

しじゅう会ってお互いのぼやきや愚痴を聞いたり言ったりするだけが友人じゃないし、そんな関係からほんとうの友情なんて生まれやしない。

ぼくは友情とは同志愛だと思っている。わかるかい？　志を同じくする者だ。遠くからでも、しょっちゅう会ったりしなくても通じあうものなんだ。それぞれの生き方、それぞれの仕事で呼応しあって、協力が必要なときはいつでも無条件に、全面的にやる。

ぼくの場合、青春時代にぼく自身の絶望的な疑いや悩みをぶっつけて、これに応えてくれたのはニーチェの書物であり、親友のジョルジュ・バタイユだった。日本に帰ってからは、花田清輝が親友のひとりだった。

戦後間もない頃、用事で名古屋に行ったときにある人の家を訪ねた。ふと本棚を見ると『錯乱の論理』という花田清輝の本があった。おもしろい題だな、と思ってね。ぼくはその本を借りてきて、東京に帰る汽車のなかで読んだんだ。すると、ぼくがいつも考えていることと、とてもよく似た問題が展開されていた。

そのときは喜びを感じたね。日本にもこんな人物がいたのかと思った。それで花田清輝という男に興味をもったんだ。

たまたまある出版社に勤めていた人が家に来たとき、ぼくが清輝の話をしたら、花田さんなら自分の家の近くに住んでいるから、岡本さんのことを話しましょうと言ってくれた。それから数日したら清輝がとつぜん、ぼくの家に訪ねてきてくれたんだ。

話しあってみたら、ピンピンと響きあうんだね。芸術運動を起こさなきゃいけない、よしやろう、というんで、「夜の会」ができたんだよ。このときは清輝とかなり専門的な問題をお互いにぶっつけあってね。清輝をほんとうの親友だと思ったな。

日常的なつきあいはあまりなかったけれど、お互いのスジを認め、かけがえのないものと思っていた。それが友情なんじゃないかなあ。

親友とは、親兄弟にも言えないことも話しあえる相手と考えているかもしれないが、ぼくが言う親友とはそうじゃない。自分が考えていること、疑問に思っていること、自分のほんとうのことをぶちまけて、ぶつかりあって、いい意味での闘いをする相手のことを親友と言うんだ。

親友とは、闘う相手のことだ。

もちろんそれはフェアな意味での闘いだ。殴りあったり、悪口を言いあうような闘いじゃないよ。自分がほんとうのことをぶっつけると、相手がそれに反論してくる。それに対して、自分がまた問題をぶつける。

ほんとうの意味で純粋に闘いあう相手、それが親友なんだよ。

花田清輝はほんとうにフェアな友人だった。清輝が死んじまったことは、ほんとうに残念だ。いつでも問題をぶつけていけばピンと応えてくる、ユニークで、鋭い、よき友だったからね。

相手がいなければ存在できない

もう一度言おう。ぼくが思う一番の友だちは、ぼくに問題をぶっつけてくる人だ。たとえ会ったことがなくてもね。

コミュニケーションするかしないかが大切なんであって、会う会わないは問題じゃない。世間一般では飲んだり食べたり、話しあったりする関係が友だちだと考えているけど、ぼくはちがう。

それは、ぼくのつくった太陽の塔や若い時計台などのモニュメントについても言えることだ。あれはパブリックの広場にある。だから無条件にみんなとコミュニケーションできる。それが公の場所にモニュメントをつくる目的だ。つまりそれに親しむ人たち、だれでもがぼくの友だちなんだ。

人間は通じあう相手がいなければ存在していないと言っていい。孤独に生きるということは、人間全体として生きることだ。だれもがそういう生き方をしなければいけない。自分の家族だけとか、学校のクラスメートだけを大事にして、離れたところにいる人とは無縁であるという態度をとったりするような、閉ざされた根性はとてもむなしい。

強い人間であっても友だちは必要だ。強ければ強いほど、みんなと一体にならなければいけない。みんなと一体になるということは、何人かの友だちと一体になるんじゃない。会ったことがない人、あるいは一生会う機会がないような人とも、自分の作品や発言を通してコミュニケーションしていくことなんだ。

そこにぼくは生きがいを感じる。ぼくのコミュニケーションに対して賛成でも反対でもいい、応じてくれる人ぜんぶがぼくの友だちなんだよ。

ぼくがテレビに出るのもそのためだ。あんまりテレビに出るのはどうかなと思わないこともないけれど、でも、出てぼくの発言になにか感じてくれればいい。それにテレビに出ると、よくあとで視聴者から手紙をもらう。

ある地方の山奥に住んでいるおばあさんからだったが〝いままで人生に絶望していたが、岡本先生のお話を聴いて、生きていく勇気が湧いてきました〟という手紙をもらった。おそらくぼくがテレビに出なければ、一生そのおばあさんとは友だちにはなれなかったろう。でも電波を通じてコミュニケートできた。友だちになれたわけだ。

そういうときは、やっぱり出てよかったなあと思う。狭い家族システムや交友関係などで自分を狭めないで、会うことがないような人とも一体になるような生き方をしていくのが大事だ。

今日のようなマスコミュニケーション時代に、これはひとつの大きな力になって生きていることなんだよ。

たったひとりの相手でもそれが世界

たとえ仲のよい友だちでも、いざコンビでなにかをはじめれば意見があわないことも生じる。これはどこの世界にいてもおなじだ。

たとえば漫才師はコンビの典型だが、外から見れば非常にうまくいっているようでも、裏側では意見の衝突もあるし、感情的な食いちがいやもつれもある。人間なんだから、当然だよ。

とくに若手の漫才師がコンビを結成しても、人気が出てくるとすぐにコンビを解消しておのおのが別の道に進んだり、長年コンビを組んでいる者同士でも、じつはうまくいってないケースもある。舞台をおりたら互いに口もきかない、というのもあるそうだよ。

だが意見の衝突を怖れてはいけない。それを怖れるくらいなら漫才を職業に選ばないほうが賢明だね。むしろ意見のぶつかりあいをしたほうが漫才に活気が出ておもしろくなるだろう。

漫才師に限らず、コンビでなにかやるときはみんなそうだ。遠慮したり内にこもらせず、おもしろくぶつかりあうことが大事だ。ぶつかりあうことがおもしろいと思って互いをぶつけあう。そうすれば、逆に生きてくる。

ぼく自身は、世界がぼくのコンビだと思って仕事をしてきた。世界を相手に作品をぶっつけている。いつも言っていることだが、人に好かれないことを前提に、世界を相手に作品をぶっつけてきたのもそのためだ。

感情的にぶつかりあうんじゃないよ。感情的にぶつかりあったんじゃダメなんだ。たったひとりの相手でもそれが世界だと思って、世界を相手にぶつかると思えばいい。その気持ちでぶつかりあえば、絶対に喧嘩にはならない。逆に自分がひろがってくる。コンビでうまくやっていくには、自分を殺せという人もいる。自分を殺せとは、自分を活かせということ。いままでの決まりきった惰性的な自分を捨ててしまえという意味だ。

いままでの決まりきった自分を捨ててしまえば、つまり殺しちゃえば、新しい自分が燃えあがってくる。自分を大事にしてしまうと、逆に自分を見失うことになる。自分を殺せというのは、相手にただあわすことじゃないんだよ。

友の死ほど悲しいものはない

心の友との別れの経験もいっぱいある。

パリ時代のことだが、夏休みにぼくはカンヌに遊びに出かけて、そこで友人のアンドレ・フリードマンに遭《あ》った。当時、彼は無名のカメラマンで、モンパルナッスをライカをさげてうろついている若者だった。

そのアンドレに、サント・マルグリット島へ遊びに来ないかと声をかけられた。そこはカンヌの浜辺から小舟で漕《こ》いで二、三十分ぐらい行った島でね。その島で、アンドレたち若者が集まってキャンプを張っていたんだ。

ぼくは出かけた。そこに美しいゲルタがいた。ゲルタは、その後よくつきあったけれど、その島ではじめて会って、彼女のやさしさに惹かれた。

ところが、なぜか彼女の様子がおかしい。それでぼくは聞いてみた。彼女はね、本国のドイツに恋人がいて、彼はユダヤ人。その恋人がナチの迫害にあって死んでしまった。そのために彼女は失意に沈んでいた。

彼女もユダヤ系だったから、ドイツに帰って恋人を葬《とむら》いたくてもそれができない。

それで悩み苦しんでいたんだね。

ぼくはなんとか彼女を勇気づけ、慰めてやりたかった。サント・マルグリット島ではアンドレたち若者が夏休みの楽しいキャンプをしてはしゃぎまわっているのに、そのなかにひとり愛の痛手《いたで》に苦しんでいる女性がいる。

だから、よけい彼女の傷心が痛々しかった。

やがてぼくはサント・マルグリット島からひとり先に帰った。このとき、アンドレとゲルタが、ふたりで小舟で送ってきてくれた。ぼくは、ふたりが再び島へ帰っていくのを、夕闇の砂浜に立っていつまでも見送っていた。

ゲルタの気持ちを思うと、耐えられないくらいに胸が痛んだ。

ゲルタにはだれかが必要だったんだろう。アンドレ・フリードマンと行動をともにしているうちに、彼とのあいだに新しい恋がめばえたらしい。

ぼくはそれを知らなかった。

やがて一年が過ぎ、一九三七年の夏がやってきた。パリには夏がきて、サント・マルグリット島にも一年前のように若者がキャンプを張っていた。小さい島は華やいでいたが、ゲルタもアンドレもそこにはいなかった。ぼくはある日、モンパルナッスのキャフェで「ス・ソワール」という夕刊を買った。

その頃、新聞のトップはスペインの人民戦線の記事でもちきりだった。一九三四年、参謀総長となったフランコが反乱軍を指揮して、スペイン統一を目指して戦った。やがて彼は勝利をおさめてスペイン総統になるんだが、一九三七年はちょうどその熱い戦いのさなかだった。

ぼくはその「ス・ソワール」を手にして、はっと目を惹《ひ》きつけられた。一面のトップに「マドモアゼル・タローの死」という記事が出ていたんだ。

ゲルタだった。

ゲルタの美しい顔が大きな写真になってほほ笑んでいた。マドモアゼル・タローとはゲルタのことだったんだ。

彼女がなぜマドモアゼル・タローを名乗っていたのかはわからない。

ゲルタはカメラマンの、いまは恋人のアンドレ・フリードマンとスペイン戦線の取材に行って、そこで横あいから突然飛び出してきた戦車に轢《ひ》かれて、死んだ。

ぼくはその晩、強烈な酒を飲みつづけた。友人の死の悲しみに耐えた。苦しかったな。ぼくは平和そのもののモンパルナッスにいる。ぼくがそこにいたとき、スペインではぼくの友が壮烈な死をとげていたんだ。

ぼくの目の前には一年前、夕闇の海をボートで去っていった彼女の暗い面影がいつまでも浮かんでいた。彼女の死の悲しみを耐えるには強い酒しかなかった。

アンドレ・フリードマンはその後、世界でも一流の報道カメラマンとなった。行動的で危険のなかへ、自分から飛びこんでいく男だった。

彼の名前はみんなが知っている。恋人のゲルタを失って以来、いつ頃か詳しいことはわからないが、彼は名前を変えた。『ちょっとピンぼけ』の著者で名高い世界的報道写真家のロバート・キャパとは、このフリードマンのことだ。

彼もその後、仏印戦争で一発の銃弾があたり、カメラマンとして死んだ。友の死ぐらい悲しいものはない。

つまらない傷つき方、素晴らしい傷つき方

人間は成長するにつれて自他を意識するようになる。自分ひとりの世界から〝自分以外の他人〟を意識するようになれば、必ず〝傷つく〟ことを経験する。

やがて成人する頃になると、社会生活という別の世界がひらけてくる。今度は社会のなかの自分の存在を意識することで、もう傷ついてしまう。この社会では絶対感だけでは生きてはいけないからだ。純粋であればあるほど傷ついてしまう。

社会に対してだけでなく、女性に対してもそうだ。

ある年頃になると、今度は女性を異性として意識するようになる。女性にとっては男性だが、それは強烈に惹きつけられると同時に、まったく不可知の他者だ。相手を全部自分のものにしてしまいたい。しかしわからないし、つかめない。自分の夢と相手の実体とのズレもある。

恋をするようになると、さまざまに矛盾を感じて傷ついていくわけだね。

〝他〟のない〝自〟はなく、〝自〟のない〝他〟はない。

〝自〟というときには必ず〝他〟が前提になっているし、純粋に〝他〟を考えるとき

は必ず〝自〟が前提になっている。

そして〝自〟と〝他〟は、つねに〝傷つく〟条件として存在している。

この〝傷つく〟ということがプラスの面で出ることもあるし、まったくマイナスにしか働かない場合もある。つまり、おなじ傷つくのでも、素晴らしい傷つき方とつまらない傷つき方があるってことだ。

恋をして相手の女性にふられて、もう自分はダメだとがっかりして、落ちこんでなにもできなくなっちゃったり、たった一回の失恋で人間不信に陥っちゃうようなのは、つまらない傷つき方だね。

そうじゃなくて、失恋したらしたで、この失恋の経験をほんとうに深いところで受けとめれば、きっと人間的に成長する。そう思って今度はもっと素敵な恋をしてやろうと奮いたつ。そういう傷つき方が、素晴らしい傷つき方だ。だから、傷つくのを怖れちゃいけない。

自分から進んで傷ついてやろうという姿勢が大切なんだ。

第四章

下手でも自分自身の歌を歌えばいいんだ

本職は人間だ

好かれない絵を描く

芸術もそうだが、自分の心のなかで思ったことを土台にして世界を判断していく演《えん》繹《えき》的思考を哲学から、また民族学からは、あらゆるナマの資料から帰納的に世界を判断していく思考法を学んだ。

このふたつの思考法はとても大切なものだ。このように哲学、民族学、社会学をやったから、絵は売れなかったけど講演は頼まれた。で、やったら、また頼まれた。原稿を書いたら、また原稿を頼まれた。日本に帰ってきてからも、戦後は講演と原稿だけで細々と食っていたんだ。

洋服や靴は戦災をまぬがれた親戚の家に置いてあったので、キチッとした服装をしていた。だから、人はぼくの服装《なり》から判断して、そんなにひどい貧乏をしているとはだれも思わなかったんだな。

とにかく貧しかった。

寝ていても、明け方の四時頃ハッと目がさめる。するとお金がぜんぜんない。どうしたらいいだろうかと暗く重い気持ちになったのはしょっちゅうだった。でも原稿を書く約束をしてあったから、出版社へ出かけて前借りを申しこんで糊口《ここう》をしのいだ。それでもぼくは自分の信念をつらぬき通して今日までやってきたんだ。

ぼくの絵には値段はない。ぼくは自分で描いた絵を売らない主義だからね。

ぼくは他人に媚《こ》びたり好かれたりしようとして絵は描かない。むしろ好かれないことを前提に絵を描いている。ぼくは芸術家の生き方として、はるかに本物だと思っている。ぼくにとって絵が売れる売れないは、どうでもいいことなんだ。

売れる絵を描こうとしたら買う人のレベルにあわせないといけない。でもぼくは本物の芸術は時代を超えたもので、好かれる芸術は本物じゃないという信念をもっているんだ。

いまでもこの信念は変わらない。たくさんの人は〝岡本の言うような芸術運動をやったら絵は絶対に売れないだろうし、生きていけなくなる。ほかの職業をさがさなくてはならなくなる〟と言った。でもぼくは〝いや、死んでもいい。それでも自分のスジをつらぬく〟と言って生きてきた。

ぼくを否定している人間はたくさんいるよ。

でも、表向きにはなかなか理解していないふうでいながら、ほんとうはぼくのことを心の奥深く理解してくれている人も多い。

日本人に、自分の運命を賭けて発言し、行動するという人はあまりいない。ほとんどいないと言っていい。でもぼくはいつも自分が純粋に感じたこと、考えたことを理解されようがされまいがダイレクトにぶつける。作品でも、発言でもね。

本職は人間だ

ぼくは本質的には芸術はいわゆる職業であってはならないと思っている。

よく〝あなたの職業は〟とか、ぼくが絵を描くだけじゃなく彫刻をやり、モニュメントをつくり、建築まで設計するし、文章を書き、講演やテレビに出たり、あんまりいろんなことをやるので、〝いったい何が本職ですか〟なんて訊かれる。

そんなとき、ぼくは〝本職は人間だ〟って答えてやるんだ。

でも肩書きを〝人間〟とつけるわけにはいかないから、紹介するほうは困るらしいよ。けっきょく〝画家〟なんて書いてあるね。

だが絵にしろ彫刻にしろ、文章でもテレビでも、それを売って食うためにやるなんてことはむなしいと思う。ぼくはあらゆることをやるけれど、職業じゃない。人間として言いたいことを言う、やりたいことをやる。収入はそれについてくることもあるし、こないこともある。勝手にしやがれだ。

そんなぼくも十八歳でフランスに行ったときは、いちおう画家になるつもりだった。それでも、芸術とは自分の全存在を賭けて生きるものだ、という確信はあった。

だから、まずフランスという土地に溶けこむところからはじめたんだ。しかしほかの日本人の画家たちはちがっていた。フランス語はまったくしゃべれず、日本人同士とだけしかつきあわずに、それでいて朝から晩まで金髪の女性の肖像を描いたり、パリの風景を描いたりしていた。それをもって帰って日本でおみやげ展をやるんだ。日本で売ることしか考えていないようだったな。

ぼくはまずパリに溶けこみ、フランス人のなかに溶けこんでからでなければ、ほんとうの芸術にはならないと思った。それでパリの学校の寄宿舎に入って、フランス語を自由に話し、読み書きすること、それにフランス人としての一般的な教養を身につけた。

そして次にパリ大学で哲学・社会学・民族学を勉強した。はじめは仕送りだったけど、アルバイトもしたよ。

戦後、日本に帰ってきたときは、まるで金はなかった。はじめは細々と借金をしながらの生活でね。食うために多少の収入を得たのは講演や原稿書きだった。ひとつ講演をすると、ほかの人のまるで言わないことを言うので、また頼まれる。それからまた原稿も依頼される。こういうことがくりかえされていくうちに、だんだん広まっていって、本も出るようになった。その本がベストセラーになったり、また壁画の仕事も頼まれた。いちばんはじめの壁画は地下鉄の日本橋、すっかり改築されていまはなくなっちゃったが、東京都庁の壁画も早い時期だったな。

絵は描いても、売らない。描いたものはぼくの家のアトリエにどんどんたまっている。大きな美術館ができるくらいあるよ。

ただし一度も売ったことがないわけじゃない。〝芸術運動のため〟と画商に言われて何点か売ったことはある。でもけっきょく、その絵は闇に消えていっただけだった。

文学や音楽ならば、大衆は書店やレコード店で買うことができるからいい。つまり、だれでも買うことができる。しかし絵の場合はそれとはちがって、わけのわからない値段が横行して大衆のものにはならない。それがイヤなんだ。

だからぼくは、売らないかわりにときどき大きな展覧会をやって、じかに一般の人たちに問題をぶつける。これは、ぼくが決意してつき出す仕事を、見るほうは純粋に、無条件に、自分の意志で見に来てくれるんだから、そのほうがずっと気持ちがいいよ。

時代を超えたものに値段はつかない

絵の値段と、芸術的価値とはまったく関係がない。むしろ、つまらない媚びたような絵こそ、高い値段で売り買いされることが多いんだね。

ところが一般の人は、とかく値段を評価の基準にしてしまうだろう。ほう、これが何億円の絵ですか、なるほど素晴らしい、なんて絵そのものより値段のほうに感心して、ぞろぞろ人がつめかけたりする。こんなバカバカしいことはないよ。

有名作家の、名前で流通している絵なんて商品であって、ほとんどが芸術じゃない。客の好みや気まぐれ、時の流行、また仲買人である画商の投機的な思惑なんかで、もてはやされるものもころころ変わる。売ることを目的にして絵を描いていたら、それにあわせて自分を変え、切り売りしなきゃならないじゃないか。むなしいね。いくら値段が高くたって、それが必ずしもその画家の偉大さを表しているとはかぎらない。

よい例がゴッホやセザンヌだ。このふたりの絵は現在最高の値段だが、ゴッホは生きている間は一枚も絵が売れなかった。セザンヌは六十七歳で死ぬまでに、一生の間でわずか三枚しか売れなかった。三枚しか売れなかったというのは、ぜんぜん売れなかったのとおなじだ。だから、生きているときにその人の絵が安かったからといって、価値がないとは言えない。ふたりとも亡くなってからその絵が評価された。ほんとうの価値は死後わかる場合だってあるんだよ。

この事実を見ても、いま生きている芸術家の絵が高いから安いからといって、それが必ずしもその画家の芸術的価値につながるとは言えないことがわかるだろう。

ほんとうの芸術とは時代を超えたものなんだ。しかし、時代を超えていると値段はつかないものでね。だからその画家が亡くなってから高価なものになる。そのときになって、世の中の人ははじめて彼の芸術の偉大さに気づくものなんだよ。

パブリックな場所に自分を置く

ぼくは自分が描いた絵を売りたくないし、飾ってもらいたいと思ったこともない。だいいちコレクターや金持ちが絵を買ってくれたとしても、その人がほんとうに気に入って買ってくれているのかどうかはわからないだろう。画商にこの絵はお買い得だとすすめられて利殖のつもりで買ったのかもしれない。ぼくはよく知らないけど、ほんとうに自分がその画家の絵が好きで買っている人は少ないらしいね。絵を買っても、包みを開けてもみないで〝また売り〟する人もいるそうだ。

なにより、どんなに素晴らしい絵が応接間に掛けてあっても、その絵は金持ちの家人か、その家を訪問した人にしか見てもらえないじゃないか。

しかし、人の出入りが激しい公共のビルや駅などに掛けた絵、モニュメントなら大勢の人に見てもらえる。見たっていいし、見なくったっていいんだ。見たつもりもなく、ただそこを通り過ぎる。それでもちゃんと、心の奥底に働きかけているんだよ。

だから、ぼくはパブリックな場所にこそ、自分の作品を置くことにしているんだ。

他人が笑おうが笑うまいが、自分の歌を歌えばいいんだよ

見られることばかり気にするからマネになる

よく〝感性をみがく〟というけれど、この言葉はおかしい。

感性とは、だれにでも瞬間的に湧き起こるもの。感性だけを鋭くしてみがきたいと思ってもダメだね。自分自身をいろいろな条件にぶっつけることによって、はじめて自分全体のなかに燃えあがり、ひろがるものが感性だ。

みがけばよくなる特殊技能みたいなものだと思ったらまちがいだ。人によってはいくらみがいてもダメなものはダメなんだし、そうじゃなくて、自分を裸で、なにものかにぶっつけることで新しく生まれてくるものがほんとうの感性だ。

たとえばファッションについて言えば、自分がいいと思ったものを着ればよしとさ

れていて、それでセンスがよければ感性がすぐれていると言われる。でもそれもちょっとちがう。昔とちがっていまは服装はまったく自由だけれど、それは自分がそうしたんじゃなくて、自由にするという型、つまり流行だ。それをマネているにすぎない。どんなに変わった服装のように見えても、どこかで見たことがある、ひとつのパターンなんだな。それをマネて自分もやってみているだけだ。

むしろ自己がなくて、身軽にパッとマネできるほうが、あいつはセンスがあるなんて思われたりしてるじゃないか。個性的と言われるファッションでもほんとうに自分でやりたくてそういう服装をしているのかどうか疑問だね。

音楽も同じ。昔の歌は型にはまっていながら、逆にいまの歌にはない自由さをもっていた面がある。たとえば、お祭りの歌や古くからある「追分《おいわけ》」なんかは、あれで意外に、歌う人の個性でじつにのびのびとした自由さ、奔放さといったものを出せるんだよ。

つまり枠のなかで個性を発揮できた。それに比べていまのロックやニューミュージックは、きめられた枠がなくて自由に個性が出せるのに、意外にみんな似ているね。

かえって個性に欠けるんじゃないかと思うくらいだ。

見ることと見られることが分裂してしまったからかもしれない。

昔のお祭りなんかには、全部の人がそのなかに溶けこんで我を忘れる集団的な陶酔があった。歌う人も踊る人も、うまさを見てもらおうとか、ほめてもらおうというだけじゃない。みんなが踊り、踊りながら見ているし、また見られている。そのなかでとくに目立つ奴がいるとしても、それは全体のもりあがりの渦のなかでこそ光るんで、芸人の芸、つまり見世物とはちがう。

しかし、いまの世の中ではそういう場はほとんどない。見られることだけにポイントを置いている。それが証拠に、若い歌手のほとんどは衣装にやたら凝ったり、派手なアクションを採り入れ、見る人に媚びているだろう。

人に見られたいという意識があまりに強すぎるんだ。それが逆に個性を殺してしまっている。

枠がひろがっても、それが人間的なひろがりになっていないんだ。枠がひろがったために自分を喪失してしまい、模倣を個性だと思っている。

自分自身をナマにぶつける、ぶつかりあいのないところからは純粋な感性は生まれてはこないんだよ。

規制を受け入れ本質的に反逆

ぼくは背広を着る。個性がないのは承知のうえだ。

それを不思議に思う人がいるらしい。芸術家といえば、長髪にコールテンの上衣を着てパイプをくわえ、ベレー帽という〝絵描きスタイル〟を想像するんだろう。

でも、そんな大芸術家ぶった服装をしている奴らにかぎって、ロクでもない俗物ばかりだよ。

たしかにぼくは外出の身仕度をするたびに背広というものに失望する。ひどく不粋《ぶすい》で、しかもイマジネーションに欠けている。背広は人類の服装史上でも最低の服装だろう。

古代エジプトやギリシア、ローマのゆったりした典雅な服装にしても、中世の華麗でストイックな装いにしても、背広よりも数段上の美しさだ。もっと前、からだに入れ墨をして、裸に鳥の羽根をつけた姿なんて、息づまるくらい美しい。日本の昔の人の衣服だっていい。ハニワにみる単純な衣服も素晴らしいし、平安朝の直衣《のうし》にしても、武家時代の大紋、裃《かみしも》、それに当時の町人の着物姿も悪くないね。

でもいまは、デパートの紳士服売場へ行ってもほとんど背広だ。どこを見ても背広がぶらさがっているのを見るとぞっとするね。アメリカでは九十七パーセントが既製服で、日本では六十パーセントが既製服だそうだ。山のような生地をプレス機で画一に裁断して、流れ作業でどんどん量産していく。つまり規格型のマスプロだ。

だからサラリーマンのほとんどは個性がない服装をするようになる。それでいて、現代ほど個性や創意、個人の自由が叫ばれている時代はない。でも、自由というけど、あらゆる規定の枠のなかで、本人が自由だと一生懸命思いこんでいるにすぎない。自由だというのはあくまでもイリュージョン（幻影）なんだ。

われわれはみんな社会に制約され、こと細かに規制されている。

いまの社会は、背広で象徴されるように、ものの見方にしても口のきき方、考え方、あらゆる問題の反応の仕方、すべてが画一型でないかぎり社会に適応できない。

この時代に、制約されずに生きることは不可能だ。この矛盾をどう切りひらいていくべきか。その手だてとして、ぼくはこれを逆手にとってやろうと考えた。それで、おなじ背広を着て、背広を隠れ蓑《みの》にしてるんだ。

背広を着て、現代を受け入れながら、本質的にはねかえしていく。制約されるからこそ、内にたぎる反逆する情熱、それを色、形、言葉、行動として爆発させていくんだよ。

いい悪いを超えた神秘と自己の一体感

ぼくがいちばん感動する歌のひとつは「追分」だ。

演歌こそ日本人の心の歌だという人がいるが、ぼくは演歌は好きじゃない。昭和のはじめ頃までは、いまのような演歌はなかった。演歌や、いまでいう歌謡曲は、ぼくがパリに行って四年目ぐらいから日本で流行《はや》りだしたと聞いた。もしそうなら昭和七、八年あたりからだ。節回しと発声が人に媚びたように甘ったるい。俗に小《こ》節《ぶし》をきかすという歌い方だ。

それに比べれば、ショパンやモーツァルトはまだ好きなほうだね。でも、ぼくは音楽ってものに根本的に疑問をもっているんだ。

『私の現代芸術』に音楽白痴化論を書いたことがある。その理由はね、音楽は好かれる音で構成されているだろ？　つまり媚びた音でつくられている。ぼくはあまり気持ちのいい音ばかり聴いていたくないんだ。聴く者を意識して、気分をよくさせるような媚びた音ではなく、「なんだ、この音は！」と言いたくなるような、〝挑む〟音を聴いてみたいんだな。

瞬間瞬間に燃えて、「聴く者にぶつかって挑む音」で構成された音楽があってもいいじゃないか。

ぼくが民謡を好きなのは、演歌とはちがって自然な声だから。なかでも追分はただのメロディじゃなくて、うなり声というか、叫び声という感じがする。遠く離れた神秘の世界、超次元とのコミュニケーション、そのときにああいう声が自然に出てくるものなんだ。

追分を聴いていると、歌というより叫びであり、祈りであり、呼びかけといったものが一体になっているという感じがする。つまり神秘の世界と自己との一体感だな。人間のナマの生活感。

プロの歌手が舞台の上でジェスチャーたっぷりに得意になって歌う媚びた姿勢は、芸事じみて好きになれないんだ。

歌とは声のいい悪いを超えて、魂の底から生まれてくるものだよ。だからこそ聴く者に感動を与える。

カッコよく見せることを意識して、ジェスチャーを入れて、甘ったるく、あるいはわざと愛らしく歌うのは〝歌〟じゃない。それは単なる〝カッコウ〟だ。

音痴の会をつくってふんぞりかえって歌うんだ

ぼく自身、歌はあまり得意じゃないけれど、パリ時代におぼえたシャンソンなんかをときどき歌うことはある。

自分が音痴だからって悩む必要なんかないさ。

他人が笑おうが笑うまいが、自分で自分の歌を歌えばいいんだよ。なんでも平気でやるべきだ。歌に限らず、他人の判断ばかりを気にしていては、ほんとうの人間としての責任がもてない。

ずいぶん前の話になるが、テレビの『題名のない音楽会』という番組から作曲の依頼がきたことがある。

もちろん作曲なんかできやしない。というより、やったことないよ。でもぼくは、未知のものややったことがないものにぶつかると、とたんにやってやろうと奮いたつんだな。それで引き受けた。テレビ局の人は、チャップリンは楽譜も書けないのに作曲したから、彼とおなじ方法で結構ですと言うんだ。

つまり、ぼくの口ずさむリズムをテープ録音して、それを作曲家がオーケストラに編曲するという。ぼくはそれまで、音楽というやつは、なんであんなに装飾的な節まわしで人に媚びたような音で構成しなければならないのかと反感をもっていた。

ほんとうの音楽とは、もっと運命を超えたコミュニケーションを前提としたものでなければならないと考えていた。いちばん人間的で、しかも高度な音は、自分の置かれた状況や限界からはるか遠い世界、つまり宇宙に向かって呼びかける叫び、祈りだ。

それが、強烈な歌だ。

ぼくは回り出したテープに向かって、まずウーッとうなった。ウーウーウッウー――。

ぼくはこのうなりの歌を「マンダラ」と名付けた。

人に好かれる音、きれいな音楽的な音はつくりたくなかったから、絶対に音楽にならないようにうなってみせたんだ。ウーといううなり声だけだから、編曲しにくかっただろう。じっさい、ぼくの音を編曲した作曲家の服部克久さんはたいへん苦労したらしい。

公開録画の日になった。超満員の公会堂のステージに、ぼくは作曲者として登場した。そして超音楽的なメロディが流れた。びっくりするくらい華麗で美しい旋律に編曲されている。

やがて楽団の音がダーンと高まったときに、ぼくのウーッといううなり声が会場いっぱいに響いた。よかったね。およそ音楽的でないからこそ、たまらないくらいの感動で全身をゆさぶる。うれしかったな。もちろん万雷の拍手が起こった。

美しい旋律をつくって人を酔わせてやろうなんて思わないで、虚飾を捨て去ったナマの音は人を感動させることができる。だから音痴の人はうまく歌おうと思わないことだね。うまく歌おうと思えば思うほど、逆に音痴はひどくなる。

ひとつ、いい提案をしようか。音痴同士の会をつくって、そこでふんぞりかえって歌うんだよ。それも音痴同士がいたわりあって集《つど》うんじゃダメだ。得意になってさ。しまいには音痴でないものが、頭をさげて音痴同好会に入れてくれと言ってくるくらい、堂々と歌いあげるんだ。

歌にかぎらず、人生にはこういうふうに平気で自分の運命に挑み、闘っていく姿勢が大切なんだよ。

戦場のなかのモーツァルト

音楽には忘れられない思い出がある。

昭和十五年の夏に十一年にわたるパリでの生活を終えて帰ることになったんだが、このときは第二次大戦がはじまってドイツ軍がパリに迫っていた。

ぼくは最後の引揚船となった白山丸が入港するのをマルセイユで待っていた。だが白山丸は戦争のためになかなか入ってこない。そこで、ひとまずカシスという漁港へ出かけた。

カシスは平和そのものだった。砂浜で水着の女が泳ぎを楽しんでいたくらいにね。空には夏の太陽がギラギラ照りつけて。しかし、いまヨーロッパは戦場だ。ぼくの帰ろうとしている日本も、いつ戦いにまきこまれるかわからない。あれやこれや考えると、目の前の平和な女たちの水着姿は、白昼夢のようだった。そのとき、ソルボンヌ大学で一緒だった女性、ジャックリーンヌにバッタリ出会ったんだ。

彼女はコンセルヴァトアールで一等をとったバイオリンの名手だ。ちょうどカシスの別荘に来ていて、ぼくはその別荘に数日泊めてもらったんだが、そのとき彼女がかけてくれたのが、モーツァルトのレコードだった。

別荘は高い崖の上に建っていた。サロンつづきのテラスの向こうに、夕暮れのコート・ダジュールの海がひろがっていた。

ぼくはほんとうにいま、戦争が起こっているのだろうかと思った。やがて無邪気で明るく、明るいゆえに暗く重いモーツァルトの旋律が、南仏の海いっぱいに放射されていった。

いつかあたりは夜のとばりがおりて、白いテラスの下にひろがる海がますます濃くなっていく。

灯火管制が敷かれていたので、なにもかも暗い。潮風が息苦しいほど流れこんでくるまっ暗なサロンいっぱいに響く、モーツァルトの律《しら》べ。

ドイツ軍はそのとき、パリまでわずか百キロのところまで迫っていた。

こうしている間にも、パリで親しくなった友人は前線で戦っている。ヨーロッパ中が不幸のどん底に落ちこもうとしているのに、ぼくには帰るべき国がある。

それがくやしくもあり、友人を裏切る行為であるような気持ちがした。こんなさまざまの思いのなかで、モーツァルトの音楽は終曲にさしかかっていた。

ぼくは重く押し黙って暗い海を見つめていた。ジャックリーンヌも放心したように、サロンのすみの椅子に腰かけていた。ぼくも彼女もなにも言わなかった。

ただ互いに沈黙して、まるでヨーロッパの命運を表すような暗い海を見つめて、モーツァルトの旋律のなかに沈んでいた。ぼくは哀しく、寂しくてたまらない気持ちだった。

そのときのモーツァルトの音楽は、いまだにぼくのなかに響きつづけている。あんな素晴らしいモーツァルトを聴いたことはなかった。おそらくもう一生ないかもしれないな。

鳴らない鐘があったっていいじゃないか

古代人は現代人よりすぐれていた

世間では一般に、芸術は進歩するもののように思われていて、どんどん新しいものを考えたりする。だが、芸術は進歩するものではない。

美術界なんていうものがまだなかった大昔、人間はだれでも平気で、泥をこねたり木を彫って、ある思いを表現したり洞窟のなかに壁画を描いたりした。こういうものには現代の大芸術家が頑張っても、とても足もとにもおよばないような、素晴らしいものがいっぱいある。そして、いまわれわれがつくり出すものが意外にそれに似ていたりするんだ。

ぼくは太陽の塔をつくったけれど、それから半年くらい経って、エチオピアの洞窟のなかから三千年も前の小さい石像で、太陽の塔にそっくりなのが発見されたという報道があった。ぼくは笑っちゃったね。そして言ったんだ。ナンダ、ケシカラン、三千年も前にオレのイミテーションをつくりやがったのか、ってね。

はじめてメキシコに行ったときもそうだった。もう十数年前になるけれど、メキシコの美術家たちが集まって、パーティをひらいてくれた。そこでぼくの作品をスライドで見せた。そうしたら、みんなで驚いたように顔を見あわせて、なにか言いあってる。ぼくはスペイン語がよくわからないから通訳してもらったら、これは何とか地方にある何百年前のものにそっくりだとか、これはどこどこの村の昔からある祭りに出てくるのと似ている、なんて言ってる。

だからぼくは大いにフンガイしたふりをしてね。なんてメキシコという国はひどい国だ。そんな昔からオレのイミテーションをつくってるとは、と怒鳴ってやったんだ。みんな大笑い。それでいっぺんに溶けこんで、とても親しい仲間になった。

メキシコへ行く前に、ぼくはある映画会社に依頼されて、『宇宙人東京に現わる』という映画のデザインをやった。ぼく独特の宇宙人のイメージをつくったんだ。これは星形の身体のまんなかに大きな目が一個ついている、というぼくの考えた宇宙人だ。ところが、メキシコの民芸館を訪ねてあっとびっくりした。天井からさがっていた人形が、まんなかに目が一個だけついているぼくの創造した宇宙人とムードがとてもよく似ていたんだ。ぼくはそのとき何千、何万年も昔からの血のつながりを強烈に感じる思いだった。

古代人のほうがずっと宇宙に対して心をひらいていたし、現代人よりも素晴らしい空間感覚をもっていたんだな。

ナスカの地上絵も古代人が試みた宇宙人とのコンタクトではないかという説があるが、直接的な交通があろうがなかろうが、精神的な宇宙との交流はまちがいなく非常に強烈にあったと思う。昔は飛行機はなかったし気球なんかもなかったろうから、空から見下すものは使わなかったはずだ。いまの人間は自分の目で見られる範囲だけしか大地のイメージをつかめないけれど、昔の人はもっと広々とした大地を心のなかに描いて、ナスカの地上絵を完成させた。

いま飛行機に乗ったりする人のほうが、逆に空間感覚を失っている。昔のように人間が大地にへばりついていた時代のほうが、広々とした空間感覚をもっていたんだね。

生きがいのある人間の原点に戻る

ぼくは、今日の文明が失ってしまった人間の原点を再獲得しなければならないと思っている。原始時代に、絶対感をもって人間がつくったものに感動を覚えるんだ。

太陽の塔は万国博のテーマ館だった。

テーマは〝進歩と調和〟だ。万国博というと、みんなモダンなもので占められるだろう。ぼくはそれに対して、逆をぶつけなければならないと思った。闘いの精神だ。

近代主義に挑む。何千年何万年前のもの、人間の原点に帰るもの。人の眼や基準を気にしないで、あの太陽の塔をつくった。

好かれなくてもいいということは、時代にあわせないということ。

ぼくは人類はむしろ退化していると思う。人間はほんとうに生きがいのある原点に戻らなきゃいけないと思っている。

あの真正面にキュッと向いている顔にしても、万国博なんだから世界中から集まった人たちに見られるわけだね。それを意識したら、だれでも鼻筋を通したくなるだろ？　だがぼくは、日本人が外国人に対してとかくコンプレックスを感じているダンゴっ鼻をむき出しにした。

ダンゴっ鼻をみんなにぶっつけたわけだ。文句を言われることを前提としてね。好かれないことを前提としてつくったから、さんざん悪口を言われた。とくに美術関係の連中には、ものすごく——。もちろん悪口はそのまま活字にもなった。でも、悪口は言われたが、その一方では無条件に喜ばれた。

ナマの目で見てくれたこどもたちやオジイさん、オバアさん、いわゆる美術界の常識などにこだわらない一般の人たちには喜ばれたんだ。来日した外国人にも喜ばれた。ぼくに抱きついて感動してくれた人もいたよ。

万国博が終わったとき、太陽の塔もぶっ壊すはずだった。ところが壊すかどうかというときに、あの塔だけは遺してほしいという声がたくさん集まった。

それで遺すことになった。ほかの建物はほとんど壊されてしまったんだけどね。この間も、関西へ行ったとき、偶然、万国博会場のそばを通って、ひさしぶりに太陽の塔を見た。広い跡地に孤独にそそり立っている塔。強くてデリケートな線。自分でつくったものだけど、ぼくは見るたびに、あの塔からちがった面を発見するんだ。ある評論家が〝はじめて見たときは、なんて変なもんだと異様さばかり感じたけれど、いま見ると古典的と言いたいくらいだ〟と述懐していたが。

太陽の塔は永久保存することになっている。

あれがつくられたときは、日本は高度成長期の絶頂で、日本中が進歩とＧＮＰに自信満々の時代だった。

それから歳月が経ったいま、あの跡地からは当時のざわめきが消えている。静謐《せいひつ》のなかで、時空を超えた絶対感をもって、孤独に、どかんと立っているんだ。

挑んだ姿勢と、その裏で運命をやさしくかかえたデリカシー。それが渾然《こんぜん》一体となって浮かび出ている。あの塔は、太陽に向かい、大地に向かって挑みつづけている。孤独のままでね。

ぼく自身も、自分の運命を〝挑み〟の意志の実験台にする決意をつらぬきつづけている。

太陽の塔を見ると、胸のなかにメラメラと燃えあがってくるものを感じる。挑む。これは危険な道だ。いつも死の予感に戦慄する。死と対面したときこそ、生の歓喜が湧いてくるんだよ。

機械文明に毒された人間

あるところで酒を飲んでいたら、飛行船を飛ばすという話になった。そのときぼくは言ったんだ。人間がつくり出した機械というものは、本来、人間の〝奴（奴隷）〟でなければならない。しかし、いまの世の中、人間は自分たちでつくった機械に振りまわされている。〝主（主人）〟であらねばならない人間が、逆に機械の〝奴〟になっている。

その〝奴〟の機械が、われわれの頭の上をわがもの顔に飛ぶというのはおもしろくない。これはむなしい機械化時代の象徴じゃないか――と、相手に文句を言ったんだ。ぼくだったら飛行船の船体に目や口をつけて、魚だか鳥だか人間だかわからない絵を描く、とね。

そうすれば親しみも感じるし、まるで自分が飛んでいるような気分になるだろ？飛行船を見るのが楽しくなってくる。銀色の巨大な機械が空を飛んでいるのを見るよりも、よっぽど楽しいじゃないか。それでなくても、われわれの生活は機械のなかに埋もれているんだ。

会社へ行くのだってそうだ。家を出てバスに乗り、電車に乗る。それからビルの部屋のなかに、四角い金属の箱のなかに閉じこめられ、すべてがメカニックなシステムに入れられて、キリキリ舞いだ。そんななかで、眼玉のある飛行船が飛んでいれば、のどかな気持ちになれるだろう。

ぼくがそんなアイデアを話したら、ぜひ絵を描いてほしいということになってしまった。

あの飛行船は西ドイツ製で、全長が五十六メートル。模型をつくって絵を描き、その絵を拡大してもらった。制作にはずいぶん時間がかかったな。

いよいよ空にフワーッと舞いあがり、大空を飛翔《ひしょう》したときの光景はじつに楽しかった。魚でもない、鳥でもない楽しい原色の絵のついた巨大な飛行船が、青空のなかを自由に航行していく。

まるで幼い日の夢が実現したような感じだった。じっと見ていると、自分自身が飛んでいるようにも思えてね。

ぼくもその飛行船に乗ったが、楽しかったね。アメリカのアレキサンダー・カルダーは飛行機に絵を描いたが、ぼくの絵のほうが変わっている。いま飛んでいる各航空会社のジャンボ旅客機の機体にもおもしろい絵を描いて飛ばしてみたいね。機械文明に毒された人間、その生活のなかの安らぎになるだろう。みんな自分自身が機械の〝奴〟になっていることに気づかないでいるんだよ。

歓喜という名の鳴らない鐘

名古屋の久国寺というお寺には、ぼくがつくった吊り鐘がある。小型の原型がぼくの家の庭にさがっているよ。

世界中に吊り鐘の歴史がある。キリスト教徒の国には、教会の鐘、日本ではお寺の鐘――。でも吊り鐘は、洋の東西を問わず、だいたいおなじようなかたちをしているだろ?

ぼくは、そういうかたちにとらわれない、ぼく独自の鐘をつくってやろうと思った。この鐘にはツノのようなものが何本もはえている。このツノは宇宙に向かって響け! という祈りをこめて天人の手をかたどったものでね。ツノの数は三十四本あるんだ。三十四本のツノがはえた鐘だと思えばいい。

まず原型を制作し、鐘屋さんにつくってほしいと依頼したら、びっくりしてね。〝先生、これじゃ鐘をついても鳴りません〟と言うんだ。それでぼくは、鳴らない鐘があったっていいじゃないか、と言ってやった。もしどうしても鳴らない、鳴らしたければボタンをつけておいて、鐘をつくと同時にスイッチが入ってボーンという鐘の音を録音したテープが回るようにすればいいだろう、とね。これはもちろん冗談だが。とにかくつくらなければ鳴るか鳴らないかわからないから、つくってみろと言ったんだ。

やがて電話がかかってきてね、〝先生、鳴ります。びっくりするくらい、よく鳴ります〟と言うんだ。そうれみろということになって、その鐘の原型を家にもってきた。それがいま庭にあるものだが、このときある音楽家が来て、ぼくが鐘を叩いて鳴らしてみせたら、えらく感動してね。

〝先生、これは素晴らしい鐘です。この鐘は楽器とおなじで、作曲ができます〟って言うんだ。鐘にはえている三十四本のツノの一本一本を叩くと、これがちゃんと一つひとつちがった音階になっている。

次に、噂を聞いて東工大の有名な音響学の教授がやってきて、鐘を響かせて音響測定をやってくれた。その教授もすごく感動してね。〝この鐘は考えられないくらいの音を出す〟と証明してくれた。

鐘自体を叩くと、ツノ同士が微妙に共鳴して、なかなか鳴りやもうとしない。ちょうどバイオリンのボディが弦の音に共鳴する原理とおなじなんだね。

その後、展覧会にも出品したんだが、作曲家の武満徹君がこの鐘をひと目見て、〝岡本さんがこのかたち、と思ってつくったんなら、この鐘はすごくいい音を出すことを、ぼくが保証します〟と言ってくれた。去年はパリへももっていって鳴らして、フランス人も大感激だった。

ぼくはこの鐘に『歓喜』という名前をつけたんだ。

作品ははじめからできている

作品は完成するまでにどのくらいの日数がかかりましたか、と人によく訊かれる。もちろんつくるものによってさまざまだ。自分で彫ったりしてつくるものか、陶器のように焼いてつくるものか、などによって要する日数はちがってくる。

でもそれは制作の問題であって、発想のほうは別だ。発想は、人からこういうものをつくってほしいと依頼された瞬間に、パカッとぼくの目の前に明確なイメージとして出てくる。

絵を描くときもそう。絵ははじめからできちゃってるんだ。ぼくはそれを描いている。そして、描くときには、思いついたときとおなじように感動する。ぼくは描きながら、瞬間瞬間に感動している。

つまり、こういう絵を描こう、と考えているわけじゃないんだ。そんなことは考えないし、型にはまったものも描かない。頼まれて、パッとイメージが湧くから、それをそのまま具現する。

太陽の塔をつくるとき、ぼくが手をつけたときからできあがるまでの過程を取材するため、NHKがしょっちゅう通ってきていた。ところが、いちばんはじめにつくった原型と、最後にできあがった塔の〝かたち〟が寸分の狂いもなくまったく同じだった。

NHKは二年半ぐらい取材に通ってきていたんだけど、それだけの日数がかかったように見えないから、制作の途中で試行錯誤があったようにしてくださいと言った。仕方がないので、できあがったものを鉈《なた》で叩いて、ラフなかたちにしたり、ほかのデザインにしてみたり。いろいろやったけど、ほんとうのところははじめの発想そのままだったんだよ。

心が生み出したものは、職人芸よりはるかに素晴らしい

下手なりに、平気で、無条件に

この頃、自分で家具でもつくってみようか、とか、陶芸教室に行ってみたり、といった〝手づくり人口〟が増えているそうだが、ひとつ見落としていることがある。手づくりを志す人が、みんな職人的技術をお手本にしていることだ。それがつまらない。

機械がなかった時代、職人たちの手は機械とおなじ役割を果たしていた。たしかに手を動かしてつくるんだけど、その手は若いときから訓練をつみ、確実な手さばき、まちがいのない仕上がり、つまり機械のように幾つつくってもまったく狂いのないものをつくり出すことが、よい職人の基本条件だ。椅子の脚がおかしかったり、ゆがんだ箪笥《たんす》なんかつくってちゃあ、失格だからね。

たとえて言えば、あの時代の職人の手は近代工業以前の機械だったわけだ。そういうなかでも、とりわけ腕のいい、出来ばえのすぐれた職人が名人とか名工とか言われて、値段も高かった。いま手仕事のよさとかアンチックといって見直される場合、まずお手本になるのがそういう職人芸なんだ。

ところが、だ。ここからが本論だから、よく聞いてほしい。キミたちがやってみようとしている〝手づくり〟は、なにも職人になって、それで飯を食おうってつもりじゃないだろう？　また、なろうったって機械時代の今日、手仕事はよほど特殊な需要にこたえる以外、道がないしね。

みんな〝手づくり〟を誤解している。自分の手でつくってみたいという欲望、それはつまり自分の心を投げ入れて、下手なシロウトでも、独自なもの、オリジナルを打ち出したいということだろ？

ナマの手と心をぶつけるよろこびなんだ。〝手づくり〟というより、〝心でつくる〟と言ったほうがいい。それとクロウトが心得た手作業でつくった商品とを混同しているんだよ。

キミたちが憧れている、ほんとうにやってみたいのは、〝手づくり〟じゃなくて〝心でつくる〟ことなんだ。そうでなきゃ意味がないとぼくは言いたいね。なにか、全身をこめ、自分自身をためして無条件につくりたい。既製品として外から与えられるものばかりではむなしい。自身のもの――まさに心そのものの表現なんだよ。つまり己れを「自由」に還元することなんだ。

そのときに、なぜ機械の代用だった職人の手、その型をお手本にする必要がある？　キミたちの手は訓練もされてないし、おそらく不器用でもあるかもしれない。でも、なにかつくりたいんだ。

なら下手なりに、平気でつくればいいじゃないか。がっかりすることはないよ。どんなにひんまがって不恰好でも、心が生み出した以上、必ずなにかがある。それを発見し、実現していくことは、キミ自身の自己発見だ。平気で表現したものは、手先で器用につくられた職人芸よりはるかに素晴らしい。

だから平気でやってごらん。〝下手くそだなあ〟と見とれて、にっこり笑えばいい。ほとんどの人が生きるよろこびを見失っている今日だけど、真の自己を発見する、ひとつのうれしい方法だよ。

現代はマスプロダクションの時代だ。ほとんどのものが機械で生産される。機械にかかりやすい、大量生産に向いたスタイルがほとんど。いわゆる〝グッドデザイン〟と言われるような、すっきりしたモダンなスタイルもそのひとつの典型だ。たとえば椅子ひとつでも昔は全部手づくりだったから、脚にも幾つもくびれをつけたり、背もたれや腕かけにもごてごてと凝った彫刻をしたり――。

その時代にはああいうのが美しいと思われていたし、王様や貴族はますます豪華な手のこんだものを、金に糸目をつけずつくらせた。

ところが機械でそんなのをつくったらたいへんだ。非能率的だしね。はじめは手づくりのかたちを機械でマネしていたんだよ。しかしだんだんシステムが大きくなってくると、人間工学的に割り出された合理的なかたち、必要最小限のシンプルなラインに変わってきた。つくりやすいし、コストも安い。生産システムに対応して、美意識も新しく変わってきた。二十世紀のモダンデザインの革命は、そういう生活の必然性から生まれてきているんだよ。

戦後、グッドデザイン運動が情熱的に進められた。ぼくも日本の近代化のためにそれに協力して、商品を選定したり、いろいろやった。

いちおうみんなのセンスも変わって、モダンデザインが抵抗なく暮らしに受け入れられるようになった。しかし生活環境全体が機械化され、時間も空間もそれによって自動的に回転してくるようになると、逆にそれに対する言いようのない空虚感が出てきていることはたしかだね。

自分の正体によろこびを感じる

下手なりに、平気でつくればいい。字だってそうだ。

字を書くときは、うまく書かなければいけないなんて考えずに、絵でも描いているつもりで自由に筆を走らせる、のびのびと。この気持ちが大切なんだ。その文字が読める字になっても、読めない字になってもかまわない。

人にわかってもらおうとか、きれいな字を書こうとしてていねいに書く必要はない。手先でうまく書こうとすると、逆に字は死んでしまう。下手ならば下手なほどいいと思えばいいんだ。いい書のなかにはたしかにうまい字もあるけども、型通りでないのがほんとうに生きているんだよ。

書道だけじゃない。それ以外でも下手なら下手ほど素晴らしい。そう思って書けばいい。それはペンでも鉛筆でも同じだ。下手な字で書いても判読できればいいんだから。

うまくなる必要は絶対になし。いわゆるうまい字なんて価値ない。それよりも、下手なら下手なりにのびのびと書く。そのほうが字は生きてくるものなんだ。

ぼく自身は筆で書くのは嫌いじゃない。ぼくの書は方々にあるけど、うまい字を書こうと思って書いたことは一度もない。自由に、だれも書かないような字を書いている。

書の専門家に言わせると、ぼくの書は切れば血が出るような字だそうだ。書の大家としても知られていた北大路魯山人《きたおおじろさんじん》に、お茶会の案内状を出したことがある。筆で書いたらすごく感動して、現代人でこんな書を書く人がいるとは驚いたと言われた。ぼくのは型にとらわれない書なんだよ。

いままで何回か映画のタイトルを書かされたこともある。新藤兼人監督の『母』『鬼婆』、まだいろいろあったな。青島幸男の『鐘』。外国映画の『マーニー』ってのも書いたね。片仮名なんて書にならないんじゃないかと心配する人もあったが、とてもおもしろい、不思議なタイトルになった。

とにかくうまく書こうなどという気持ちを捨てて、平気で書いてごらん。字には自分が現れるんだ。その自分の正体に自信をもち、よろこびを感じることだ。きっといい字になる。

坐ることを拒否する椅子

生活様式が近代化してくると、人間の美意識やセンスはおのずから変わってくる。日本は経済が急テンポに復興して、輸出もさかん。そうなると、いままでみたいに古めかしくヤボったい商品じゃ太刀《たち》打ちできない。そこで、すべての商品にわたってモダンなデザインが要求されてきた。生活環境には新しい〝かたち〟が必要で、明るく充実し、豊かなスタイルがなければ人間の精神はバランスを失うからだ。

しかし、周囲をモダンなデザインに囲まれていると、逆に問題も出てくる。たしかにモダンデザインはスッキリしていて品がいい。

でも、なんとなくチャヤッカリしている。まるで衛生陶器みたいな食器類とか、機能と経済性一点ばりのモダン住宅は、あまりに合理的にできすぎていてイマジネーションが湧かないだろう。つまり、生活のうわっつらだけ撫でてしまう無抵抗のむなしさがある。

近代主義は、こんなふうに生活の張りを失わせる。抵抗のないところに、生きる感動があるはずがないじゃないか。

毎日毎日、新たな生きがいをもってジャングルを切りひらいていくように、物質的にも精神的にも、身をもって激しく抵抗をたしかめながら、猛烈に生きていくところに人間としてのよろこびがあるんだよ。

それでぼくは『坐ることを拒否する椅子』をつくった。

これは、いま言ったような、モダニズム（近代主義）に対する挑戦なんだ。

機能的であることを売り物にしている現代の椅子は、いかにも座ってくれとしいなをつくっている。その不潔さにぼくは腹が立つ。そういう椅子は、まるでお尻の雛型《ひながた》じゃないか。からだが沈んでしまうような椅子は、お年寄り用か病人用に限ったほうがいい。

健康人は一日中、椅子に座りこむわけじゃないだろう。活動的に行動して一時腰をおろすだけだ。言ってみれば人生の闘いの武器なんだ。だったら精神的にも肉体的にも人間と対決し、抵抗を感じさせるほうがいい。

だからね、ぼくがつくった『坐ることを拒否する椅子』は、腰をおろすところが目をむいていたりキバを出して笑ったりしている顔になっている。しかも座る面が飛び出しているんだ。

座れないわけじゃない。座れる。

ちょうど長い山道を歩いていて、途中で道ばたのごつごつした木の根っこや石ころの角などに腰をおろすと、かたい肌ざわりを感じるだろ？　あの気持ちよさだ。抵抗してくる物質のよろこびがある椅子なんだ。

キミも一度ぼくのつくった椅子に腰かけると、その感じがよくわかるよ。人生はながながと山道を歩いていくようなものだからね。

デザインしようなどとは思わない

もしキミがデザインをやりたいなら、とにかく全人間として〝生きる〟ことがなによりの勉強だ。いいデザインを学ぼうなどということにあまりとらわれないほうがいい。デザインするのは自分なんだ。

デザインは生活そのものを設計するんだから、とにかく〝生きること〟。イキイキと生きて、いわゆるデザインという形式に妥協しないことだね。

生きる喜びを感じさえすれば、自然にイメージが湧き起こってくる。手がのびてペンを握ってデザインすればいい。声を出したければ声を出してもいい。詩を書きたければ詩をつくったっていい。駆け足をしたければ駆け足すればいい。

人間は一日のなかでさまざまの衝動がある。その衝動がデザインになってもいいし、ならなくてもいい。とにかく〝デザイン〟しようなどと思わないこと。ふっと自然に生まれた新しい生活のイメージこそ素晴らしいデザインになる。

自分の意識の外で全身が自由に動いてデザインが生まれたら、たとえそれが変なものでも、おもしろい面が浮き出てくる。それは情熱がふき出しているからだ。建築のような結果をきびしく追及される仕事をしているなら、それもいい勉強だよ。その仕事をしながら自由なデザインに夢をひらけばいい。

文学を読んだっていい。なにをやってもかまわない。線や色で構成されたものがデザインとは限らないんだ。

〝生きること〟――つまり、全身をぶっつけて世界を感じること、それがデザインとして具体化されなくても、全身をぶっつけて世界を感じる生き方をすれば、心のなかで夢のようなデザインが生まれてくる。

黒い太陽、青い太陽

若者、大人、老人、ほとんどみんな既成のものによりかかっているだけだ。そのなかのわずかな者だけが新しいものをひらいていく。ほかの者は救われた思いがするだけで、そういう新しいものをひらいてくれる人におんぶしているようなところがあるんだね。

自分が新しいものを創造して文化を創り出そうという意欲をもっていない。一般大衆はだれかが新しいものを創り出してくるだろうと待ってばかりいて、自分が創ってやろうという気持ちをもたない。

文化を創り出すには、型通りのものにおんぶしないで、ほんとうに自分が情熱を感じるものを探り出さなければいけない。たとえ自分が創り出さなくても、これこそと思うものは自分の責任で徹底的に支持する。そうすれば、それに共鳴する仲間も増えていくだろうし、そして互いに問題をぶつけあうと、新しいなにかができてくるかもしれない。

創り出すことに年齢なんて関係ない。事実、文化には年齢差はないんだ。

だいたい、いちばん素晴らしい絵を描くのは四、五歳ぐらいのこどもだよ。人の眼なんか気にしないで無条件に自分をひらき、ぶっつけたい気分で絵を描くからだ。

太陽だって黒いのもあるし、青い太陽もある。こどもの図画を見てとてもうれしいのは、そういう平気で描いた絵に出合うときだ。太陽は赤く描かなければならないという従来のつまらない形式にこだわらない絵。それが素晴らしい。四、五歳頃のこどもはみんな天才だ。すごい絵を描く。ところが、七つ八つ、十くらいになるとだんだんちゃっかりしてつまらなくなってしまう。

そのうち成人してくると、他人の眼を意識するようになる。〝ものの見方〟なんて言って、やたらに他人の方式にこだわる。その結果、自分を制御してしまう。平気で自分をぶっつけていくことができなくなるんだな。

大人になっても平気で自分をぶっつけ、他を意識しないで描けばいいんだが、それは言うのは簡単だけど、むずかしいことなんだ。

もしそういう者が何人かぶつかりあえば、それが社会的にひろがっていく可能性がある。そういうぶつかりあいを望むことは現実ではむずかしいけれども、そういう社会にならなければいけないと思うね。

美術にしろ音楽にしろ、従来の型にはまって行うことが、あたかも教養であるかのように思われているところが現在のむなしさだ。こどもの頃から個性的であるべきなんだよ。

過去の文化を見ると、ごく限られた人が創り、それを受け入れる協力者がいた。つまり創り出すエリートと協力者が合作するわけだ。それが文化だよ。

どこにもないような個性的なものは、それこそほんとうに人間的な芸術なんだが、型通りの基準にはまらないとみんなバカにする。そのくせ、どんなに変なものであっても、ニューヨークで流行っているとか、パリで大流行のものだというと、とかく日本人はありがたがってそれを受け入れ、模倣する。

しかし、どこにもなかったものこそ素晴らしいんであって、これだ！ といって創るもの、見るものが互いに協力して、はじめて真の〝文化〟になっていくんだ。

第五章

キミ自身と闘って、どう勝つかだ

自分と闘い、自分を殺す

自分の敵は自分自身

弱い人間は、やさしくはあり得ない。

やさしさとは弱さであり、弱さをやさしさで隠しているだけだ、と考えているとしたら、それはちがう。もしほんとうに隠しきることができるんだったら、それは強さだよ。

もちろん、ひと口にやさしさと言ってもいろいろある。ほんとうに相手に気を配って、ためになってやることもやさしさだし、面倒が起こらないように、無難に、スルスルッと逃げるイージーなやさしさもある。

強い意志をもっている人間はやさしい。

一方で、自他をごまかし、安全を願い、責任をとりたくないからやさしくする、ということもある。やさしさという言葉にこだわったり、表面的な態度だけでものごとを解釈しちゃいけない。

もしキミが、人を殺すくらいなら殺されるほうを選ぶ、と考えているとしよう。おそらくキミはまだ、その言葉の重みを十分に骨身にしみて理解してはいないかもしれないが、それはたいへんな覚悟だ。そう信じたからには、それをつらぬくべきだ。

正常な人間なら、人を殺すなんてことをやたらにできるはずがない。だが殺すか殺されるかというギリギリの、セッパつまった状況に立たされることはある。この社会に生きていく以上、その予感をだれでも避けて通ることはできない。

そのときに、絶対に殺さない、自分のほうが殺されるという立場をつらぬくのはキツイよ。それはやさしさどころか、たいへんな強さがなければ決意できないことだ。

己れをつらぬいて生きている以上、そういう危険な目に遭う。つまり、自分をごまかして生きていれば無難で、殺されないわけだよ。自分のスジをつらぬいて純粋に生きれば、殺されるという危険にしょっちゅうぶつかる。

もっと具体的にわかりやすく言おうか。いままで何回も言ってきたことだが、ぼくは人に好かれない絵を描いてきた。好かれない絵は売れない。売れなければ食っていけない。食っていけなければ死んでしまう。つまり社会に殺されるわけだ。自分のスジをつらぬけば殺されてしまう。

ぼくはそのほうがスジだと言うんだ。これはやさしさではできないよ。いちばん大切なことは、自分の敵は自分自身だということ。それを知るべきだ。自分のスジをつらぬくことは、自分自身といかに闘い、勝つかってことだ。

自分に妥協したり、自分をごまかす、つまり自分を大事にしちゃって殺さない、他人を蹴落とすなんてことはいちばん卑しい生き方だ。

しかし現実ではその自分をうまくごまかさないと食っていけない。これが現在の社会のなさけない状況だ。

ごまかして生きていこうとする自分と闘い、その自分を殺すんだ。

自他をぜったいにごまかさないで生きていくのは危険なことであり、その危険をつらぬくことは死を意味する。

それはやさしさではなく、闘いなんだ。

耐え、無目的に挑む

ぼくは〝攻撃型〟と思われているらしい。

たしかにそういう面がないことはないけれど、でもずっと耐えに耐えてきた。

耐えることと挑むことは矛盾しない。

耐え、そして挑んでいるんだ。挑み、すなわち耐えている。

〝挑む〟と〝攻撃〟はちがう。攻撃ってのは、なにかに対して仕掛けるんだろう。目標のない攻撃なんてありゃしない。ナンセンスだからね。

だが〝挑む〟のは無目的だ。自分自身で爆発している火山みたいに、無条件、無対象に噴きあがるのさ。他よりもむしろ自分自身に対して挑むんだ。

ぼくは『美の呪力』という本のなかにこんなことを書いた。

「挑戦する。勝利者でありたいと激しく熱望する。しかしその勝利のために、ひとりの敗北者も生まれない勝利だ。ちょっと異様に聞こえるかもしれないが、自分が勝つために敗れた者がいるなんて、私には不潔な気がする」

わかるかい？　挑むというのは自分の誇りであって、相手の問題じゃないんだよ。

攻撃と守備を単純に分けて考えるのもおかしい。

攻撃は非常に危険な要素をふくんでいる。攻撃するときはつねに守備を同時にふまえていないといけない。そうでなければ攻撃はできない。もしも守備をふまえず、ただ攻撃だけをすれば、逆に自滅してしまうよ。でなければその攻撃は無責任な攻撃になってしまう。

弱者をやっつけるなんて無責任な攻撃だ。力のある、ちゃんとした敵と闘うのなら、とうぜん自分のほうにも弱点がある。悪条件を乗り越えて攻撃しなければならない。そういうときは、敗れるかもしれない、自分はダメになってしまうんじゃないか、という危険にさらされているわけだ。だからそれに対する自分のポジション、ガードをかためていなければならない。攻撃、同時に守備、なんだよ。

一方、守るだけと見えたって、だれでも自己主張しているものだ。でも積極的に出ていかない人は、とかく無責任になってしまう。なるべく安全ななかに逃げこんで、自分さえよければいい、ひとのことは知らない、というのはいちばん問題だ。これはほんとうの生き方じゃない。

ぼくの場合は、つねに相手を生かそうとして発言している。相手をやっつけようとかダメにしてしまおうとして攻撃したことはない。そんなことは微塵も思ったことがないよ。相手をそのようにして守り、また同時に自分自身を試す攻撃、デリカシーのある攻撃をしているつもりだ。

人間は、積極的に生きてゆこうとすれば、猛烈なデリカシーがなければならないんだ。

全力で命を活かせば、ただの凡人でなくなる

よく自分を凡人だというヤツがいるけど、それはうぬぼれだ。自分を一般の水準並みだと決めてしまって、いい気になっているんだよ。

〝われわれ凡人は〟というのは自己逃避にすぎない。基準のなかに自分を置いてしまえば安全だからね。

凡人だという人に限って、人生に甘えている。惰性的な生き方をして自分を許している。

凡人であろうとなかろうと、自分は自分だと思えばいい。人生はだれでも孤独なんだ。この広い世界にたったひとりで生きている、というキビシさを自覚しなければダメだ。自分は凡人で一般の人と同じだと思うから、自分自身がなくなってしまうんだよ。

自分をかつてなかったユニークな存在にしてみようと思えばいいじゃないか。だれでもがやるようなことはしないで、キミがほんとうにやりたいことを精一杯やれば、ただの凡人でなくなる。

凡人とか偉くなるなんて基準でものを考えることがまちがいなんだよ。全力をあげて自分の命を活かせば、生きがいは出てくる。生きている手応えと喜びを感じる。凡人だとはじめから決めてしまうから生きがいも感じないし、生きる喜びも湧いてこないんだ。孤独の存在でなくなってしまうからね。

人間は、全体と一緒に生きていると同時に、孤独な、かけがえのない、たったひとりの人間なんだってことを忘れちゃいけない。

凡人という集団のなかで、自分ひとりだけは、その集団のなかでユニークな生き方をしてみせると強く心に思って実行するんだ。

たとえ弱くても、小さくても、平凡だと言われてもいい、その中身においてはだれも生きなかった生き方をしてみようと思うのさ。ただのお遊びではなく、生きていて、ぞっとするほどおもしろかったというような生き方をするんだ。

その生き方は、どんなところにいても、やればできる。会社のなかでも学校のなかでも、またその他社会のシステムのなかにいても、だれもがやらなかったことで、スジの通った生き方はできるんだよ。

そういう生き方をすれば、そのなかからはねかえってくるものがある。

そうすればキミに凡人意識なんてなくなるのさ。

認められない人のなかにこそ、ほんとうに素晴らしい人がいる

逆に、一流なんてことも気にしちゃいけない。よく〝一流好み〟の人がいるが、それはつまりただ世間の、他人の評価をウノミにしてありがたがっているってことだろ。

だれがなんと言おうと、三流だろうが五流だろうが、自分のいいと思うものはいい、という態度をつらぬかなければ〝ほんもの〟なんかわかりゃしないよ。

一流だから知りたい、好きになりたいなんていうさもしい根性をもたずに、自分のほんとうに感動する人間を探し、つかまえるんだ。その発見をポイントに世の中全体にその価値を認めさせるように、キミ自身、力を尽くせばいい。そうすると世界が変わってくるよ。無責任に世間が一流と決めたものを追っかけまわすより、そのほうがずっと意味がある。

一流とはすでに評価の定まったもの、というだけじゃない。いまの世の中で認められている一流というのは、ほんとうの一流じゃないんだな。なかには一流らしいものをもっている人もいなくはないが、ほとんどがそうじゃなくて、うまく現代の時流にのって社会状況にたくみに対応している。その人自身、別に価値がなくても一流とされている場合がとても多い。一流と言われる人の多くがそんなふうだ。

ほんとうの一流は、むしろ悲劇的に生きて、死んでからしばらくして認められるということがずいぶんある。ゴッホみたいにね。前にも言ったけど、ゴッホは生きているときは一枚も絵が売れなかった。自殺して、死んでから騒がれだし、彼の絵は世界のトップクラスの値段で売れるようになった。

とかくほんとうの一流人は、生きているあいだは認められないケースが多い。もし一流人を知りたければ、自分がスジを通して生きて、時代と闘う素晴らしい人間と快くぶつかりあうことだ。恰好だけ、世間にうまく売りこんだだけの〝一流〟を相手にしても意味はない。たとえマスコミに知られない無名の人でも、自分をつらぬいて生きている人がいたら、その人を見つけてつきあうことだ。いわゆる一流人は時代の推移とともに消えていってしまう。

むしろ世に認められない人のなかに、ほんとうの意味で素晴らしい人が存在するものだ。そういう人間を探し出すことができたら、キミ自身が高度な感受性をもった一流人であるという証拠だ。

ぼくは自分が一流かどうかなんてこと、考えたこともないね。ぼくは最高であり同時に最低であると思っている。一流視されたいとは思っていないが、人によってはぼくの言うことに、とても感動してくれる。それに対してぼくも相手と一体化する。

だけど、ぼく自身はこの惰性的社会に認められるより、認められないほうがいいと思って生きてきた。そのほうがおもしろい。

だいたいね、人間に一流があったり二流があるなんて、区別することがまちがっているんだ。区別しないところにもっと純粋な人間性があふれてくるんだよ。

いつでも新しく、瞬間瞬間に生まれ変わる。それが伝統だ

異端者として自分を猛烈につき出す

もし現代にナポレオンのような英雄が出現すれば世界は変わる。でも英雄がなかなか出てこない。そう考える人もいるだろう。

人のことなんか気にしないで、キミ自身が英雄になればいいじゃないか。

みんな人に期待したり、なぜ英雄は出ないのかなどと、そんなことばかり言っている。自分こそが、とはだれも言わない。

まあそれはともかく、現代が〝英雄〟の時代じゃないことはたしかだ。ナポレオンが一八〇六年にイエナを占拠したとき、その騎乗の英姿を見て、ヘーゲルが〝これこそ世界精神だ〟と感嘆したのは有名な話。ヘーゲルはナポレオンを、彼の弁証法哲学

の具現として称えた。

ヘーゲルばかりじゃない。ゲーテもベートーベンも、ナポレオンの巨大な人間像を賛美した。あの当時までは、ひとりの天才や英雄が〝世界〟となって歴史を変えた。でも現代は英雄不在の時代だ。過去のイリュージョンで英雄を求めること自体、意味がない。

現代は冷たく計算通りのリズムで動いている時代だ。そういうシステムのなかから、歴史を変えるような英雄なんか出現はしない。

問題はそこにあるんじゃなくて、われわれ個人がもっている、近代的メカニズムへの無力感だ。

たとえ自分がどんなふうに生きて死のうが、この非情な世界の動きにツメあとを残すことはありえない。だから心配したり憤慨してなんになる。なにもできない。ただ生まれてきたから生きている——と、多くの人が現在の惰性的な状況を自分自身に投影させて、むなしくなっている。こういう生き方は無責任で不潔だ。

もし世界が変えられないとしても、変えることができるものがある。

自分自身だ。

こういうときこそ自分自身を用心深く、大事にしてはダメなんだ。

多くの人が誠実に勇気をもって、平気で自分自身を変えていけば、絶望的に思われている世界の状況や非人間的システムも変えることができる。それには信念をもってほんとうのことを叫び、行動することだ。独自の彩《いろど》りで生命をかがやかすんだ。

もちろん、あらゆる障害を覚悟しなければならない。極端な場合は殺されることだってありうる。殺されなくても、激しく純粋の主張をしつづければ、異端者として社会的に葬られるだろう。

軽蔑と無視、メシの食いあげ。

つまり生きたまま殺されるんだ。だから、自分で激しく決意してつらぬき通さなければできない。

それでもやりぬくというのなら、ひとつの方法を教えよう。

それはね、人に理解されたり、よろこばれることを求めようとせず、むしろ認められないことを前提として、自分を猛烈につき出すんだ。

ぼくは大声で言いたい。人に媚びたり妥協して好かれようと思うな、とね。そこから人間的勇気が湧き起こるんだよ。

無名の運命のなかで自分のスジをつらぬく

尊敬する人はだれかと訊かれると、多くの人は徳川家康といったような歴史上の人物の名前をあげる。その時代に権勢を誇ったり、成功した人物ばかりあげたがる。ぼくはいつも疑問に感じるんだ。

もちろん、なかには源義経のように悲劇的な生涯を送った人物が好きだという人もいる。たしかに義経の生涯は悲劇的でドラマチックだったけど、義経にしたって権力の側にあったわけだろう。一時期は大変な成功者だったじゃないか。だから余計、悲劇的な結末が浮き彫りにされているんだ。

ぼくはそういうふうに、とにかく歴史の記録に残っている権力者や有名な人物だけを尊敬する、そういうことにこだわりたくない。記録に残っていない、まったく無名の人物でも、素晴らしい、己れをつらぬいた尊敬に価《あたい》する人物はいっぱい存在したはずだろ?

そういう人間の運命のほうに、ぼくは加担したい。

人間はだれでも成功を願っている。しかしそれより、成功しないことを前提に命を賭けてスジを通した人間のほうが素晴らしいじゃないか。

でも、成功しなければ歴史のなかに名前は残らない。名前が残っているのは、ほとんどが成功した連中だ。

むろん成功しなかった者より成功者のほうが数が少ない。成功者は、何百万何千万のなかのわずか数名きりだ。しかも成功した者を調べてみると、その人間をとりまくいろいろな状況が押しあげた場合が多い。策略妥協がうまかったり、成功したりして勝利をつかんだ。そういう人物は、別段、尊敬できないし感動もないね。

むしろ歴史のなかに埋もれた人間のなかに、ほんとうの人間がいる。

人間は九十九・九九パーセントが成功しないんだ。つまり成功者でないほうがより人間的な運命なんだ。

そういう無名の運命のなかで、自分のスジをつらぬき通して、歴史にも残らないで死んでいった者の生き方に、ぼくは加担したいんだよ。

だけど、もうひとつ、いままで言ったことと逆のように聞こえるかもしれないが、英雄というものは、じつはひとりの実力だけでそうなったんじゃない。時代の多くの人々の共感、情熱、願望が協力した、社会がそれに応えた、そういう面があることもたしかだね。

人生は他人を負かすためにあるのではない

ぼくは以前、学生諸君に、根性とはどういうことを言うのか、質問してみたことがある。

ところが、だれも答えられないんだ。そこで、では具体的にどんな人が根性があると思うかとたずねてみた。すると、徳川家康とかヘレン・ケラー、チャーチル、松下幸之助という答えが返ってきた。まるで形式的で新鮮味のない答えなんだな。有名な人や成功した人が〝根性の人〟だと思っているんだよ。

有名人や成功者はおしなべて根性の人じゃないか、と思うかもしれないが、ぼくが言いたいのは、若い人たちの答え、その言葉に実感がないということなんだ。例にあげた人たちがどんな生涯を送って、どんな苦しみに耐え、どんな考えをもって生きたのか、そういうことをくわしく知った上で答えているとは思えないんだね。ただ有名な人、成功した人の名前ばかり言っている、そういう感じだった。

もちろん、歴史上名高い人物のいろいろな挿話からは根性がうかがわれるだろう。たしかに根性の人だったかもしれぬ。しかし、この世には根性をつらぬいたがゆえに敗れ去った人だっていっぱいいる。むしろ純粋であればあるほど、この世では敗れざるを得ないとも言えるんだ。

それでも、信念のためには、たとえ敗れるとわかっていても己れをつらぬく、そういう精神の高貴さがなくてなにが人間ぞ、とぼくは言いたいんだ。

それなのに、たとえばオリンピックで日の丸の旗をあげたり、スポーツで優勝した人だけを、世間では根性の人だと思って称《たた》える。つまり勝ちゃいいという気持ち。もしそんなに狭くて泥くさい価値観や必勝の信念が根性ならば、そんなものはないほうがいい。

運動部の鉄拳と根性の問題もそう。たいていの運動部が、スポーツと勝負を混同している。いまも言ったように、勝ちさえすればいいという気持ち。そのためにはどんなことをしても、という傲慢な精神で練習しているから、鉄拳制裁なんてことが起こるんだ。

ずいぶん以前にも、ある大学でものすごいシゴキをうけて新入生が死んでしまったといういたましい事件が起こった。そのときは、逮捕された監督が部内では根性のある男という評判だったと新聞で報じていた。つまりこの事件は根性のはきちがえだったのだ、と新聞では書いていた。

でもぼくに言わせれば、彼がはきちがえていたんじゃなくて、俗に〝根性〟というものの正体こそ、実は〝暗いモラル〟そのものなんだ。

ケガをしても練習を休まない、というのもそうだ。スポーツは、本来は明朗であって健康的なものだ。ところが卑しい功利主義で、成功した者だけを英雄視してもちあげる。ジャーナリズムも、さかんに成功者だけを立派で美しい者のように書きたてる。

ぼくは、むしろそのように書きたてる側が卑しいと思うね。勝ち負けで人生を決めるのはまちがっている。
人生は他人を負かすなんて、ケチくさい卑小なものじゃない。
いちばん大切なのは、自分自身に打ち勝って、自分の生きがいをつらぬくこと。
それがいちばん美しいことなんだよ。

悪口こそ望むところだ

ぼくが戦後、中国大陸から帰還してきたとき、日本の社会全体の基準が敗戦でひっくりかえされたはずなのに、美術界は昔のままに閉ざされていた。

これだけモラルや生活などすべてが崩れたのに、美術界は戦前の番付がそのまま生き残っていた。しかも日本ではけっしてオリジナリティを認めないし、なんでも時代の状況にあわせることがよいとされていた。一般の基準にしたがっていかなければ許されないんだ。

もし自分のスジをつらぬくために「否《ノン》！」と言えば、たちまち美術界から抹殺されてしまう。でもぼくは、だからこそ、たったひとりで挑み、闘っていかなければならないと思った。挑んでいく価値があると思ったんだ。

それでぼくは原色をぶっつけて絵を描いた。

当時の美術界では、原色は女こども、あるいは下司《げす》野郎の好みだとされていたんだ。非難囂々《ごうごう》、さんざん悪口を浴びた。色感が悪い、色音痴――。

ぼくは挑んだ。旧態依然たる美術界に、常識を打ち破った原色の絵で挑戦した。

悪口こそ望むところだった。ぼくはさらに理解を超える色を使い、線で形で、画壇に挑んだ。『夜明け』『重工業』『森の掟』はこの頃に生まれた絵だ。

画壇に反感をかう大作を描きつづけたから、問題になった。その一方、ぼくは文章や講演、放送などさまざまのメディアを通じて、八方に挑んだ。

闘って、日本そのものを手ごたえとしてつかみたかったんだ。闘いのマトを見定め、自己確認をする。このふたつの意味があった。

その結果つかんだのが〝日本の伝統〟だった。ぼくはなにかといえば伝統をかさにきて権威ぶっている連中が〝現在〟をむなしくしていることに我慢できなかった。

伝統とは過去に頼ることでも、パターンをくりかえすことでもない。

それは〝伝統〟ではなく〝伝統主義〟だ。

いつでも新しく、瞬間瞬間に生まれ変わって、スジをつらぬきながら現在に取り組む。それが伝統だ。

孤独こそ人間が強烈に生きるバネだ

ほんとうの孤独とは、自分をつらぬくこと

孤独を純粋につらぬけばつらぬくほど、それは魅力になる。その過程では他とぶつかりあうだろうが、それを怖れて引っこんだり、ごまかしてしまってはダメだ。

孤独をつらぬく人間は、この世の中では珍しい存在だ。孤独感をもつ人間はたくさんいるが、ほんとうの意味で「孤独」をつらぬく人間はなかなかいるものじゃない。

ほんとうの孤独とは、すべてに妥協しないで自分をつらぬいていくこと。そうすることで、その姿勢が相手に染みこんでいく。逆に他と自分をごまかそうとすると、コンプレックスのある孤独感をもってしまう。

孤独感をつらぬくんじゃなくて、孤独をつらぬくんだ。

もちろん現実の生活にはさまざまな条件がある。ある程度それに順応しなければ生きてゆけない。しかし順応しながら、一方では純粋に孤独に己れをつらぬく。相対的と絶対的の矛盾のなかに己れを生かしていくのがほんとうの人間だよ。孤独感をもっているのはキミだけじゃない。人間全部が孤独感をもっている。孤独感なんて感じたことがないという人がもしいるなら、会ってみたいね。

その孤独感にたじろいで、逃避してしまっている、ごまかしてしまっているところにむなしさがある。逃げないで、ごまかさないで、積極的に孤独をつらぬけば、人間的にひらいて、みんなと一体になることができる。ほんとうの孤独は自・即・他なんだ。

みんなと喧嘩するんじゃなくて、みんなの運命を背負ったつもりで、孤独に自分をつらぬいていくことだね。絶対に妥協しないで、でも人と争うんじゃなくて、ニッコリ笑っていればいい。そうすれば、いつか相手にキミ自身の純粋さがわかってくる。そして相手が、自分も彼みたいな純粋さをもてればいいな、と思いはじめるものなんだ。

相手に伝わらなくてもいいんだと思って純粋さをつらぬけば、逆にその純粋さは伝わるものなんだよ。

孤独だからこそ、宇宙に向かってひらいていく

未婚であろうが既婚者であろうが、家族がいようがいまいが、人間である以上、だれだって孤独感をもっている。孤独感をもっていないという人がいたら、その人はほんとうの人間とは言えない。

結婚したり家族がそばにいれば孤独を感じないわけじゃない。むしろ結婚している人のほうが、未婚者よりも孤独感に苦しむ場合だってある。

しかし孤独はただの寂しさじゃない。孤独こそ人間が強烈に生きるバネだ。孤独は充実したものだ。孤独だからこそ、全人類と結びつき、宇宙に向かってひらいていく。芸術とか哲学とか思想なんて、みんな孤独の生み出した果実だ。

死に対する恐怖感もそう。だれだってもっているものさ。しかしそれを恐怖感だと思っちゃいけない。

ほんとうの死に対する恐怖感とは、生きる喜びだ。

ほんとうに情熱をもって生きるときは、死と対面するときだ。死と対面するときだけが、いちばん命の燃えあがるときなんだよ。

人間は、瞬間瞬間に、生命を賭けて生きている。

そういう生き方でなければ、価値がないとぼくは思う。激しさと冒険。これが大切だ。

青春時代は、いろいろと体験することが未知のものだから、感動を実感としてとらえることができる。でも中年を過ぎると、人生に対するそういう意気ごみがにぶるものだ。その結果、生命が惜しくなってくる。これは人間としての堕落だ。

ぼくは四十六歳でスキーをはじめた。

スキーにとり憑《つ》かれたのは、雪山の斜面をからだ全体を投げ出していくときの、あのブルッとするような衝撃だ。生命を賭けているという身ぶるい。

ゴルフなどじゃ、この激しい実感はとっても手にすることはできない。

ただ自己流に、ガムシャラにはじめの日から滑りまくった。ちょうどスキーをはじめてから二日目。斜面をガムシャラに滑っていたら、ギャップがあった。

そこへぼくは突っこんで、バーンとひっくり返ったんだ。

そうしたら、後にいた二、三人の若者が〝あの人、スキーがうまいのに転んだよ〟って言ってたそうだ。はじめてまだ二日目なのに。

上級者用の斜面に行って、ものすごいスピードで滑っていて、まかりまちがえば死んでしまうところだったという経験は、かぞえきれないくらいにある。いや、スキーをやるたびに死とはいつも隣りあわせだと言ったほうがいいくらいだ。

そういうときは、もし死んじゃったって、それはそれでもいいじゃないか、と死を恐れる心に自分自身言ってきかせる。強烈に転倒しても、自分よりも目の前で世界がひっくり返ったような気がして、ぼくはいつもヤッ、と親しげに地球の肩を叩いてやりたい気がするんだ。

怖ければ怖いほど、そこに飛びこむ

だれだって死ぬのは怖い。もちろんぼくだって怖いさ。

でも怖いからこそ、逆に惹きつけられるんだ。

ぼくがスキーを好きになったのは、命がけのスポーツだからだ。いま言ったように、ぼくはまだスキーをはじめたての初心者のときに、いきなり上級者用のゲレンデに挑戦した。このむずかしい危険な斜面を滑ったら、瞬間、転倒して死ぬんじゃないかとゾクゾクした。生命が燃えあがるような手ごたえを感じたんだ。こんなふうに危険と対決してこそ、生きる情熱、喜びを感じ、生命感をつかみ取れる。

ただ死を怖れて尻ごみしていても意味がない。〝死〟と〝生〟とはいつでも対面しているものだ。むしろ恐怖と面と向かい、〝死〟と対決しなければ、強烈な生命感は湧き起こってこない。

死をただの恐怖としてとらえるからいけないんだよ。恐ろしいからこそ、逆に死と堂々と対決する。死を恐れて逃れたりしたら、ほんとうに生きる喜びは湧きあがってこない。

ぼくは〝しあわせ反対論者〟だ。

つまりね、簡単に言ってしまえば、人間がしあわせと思っているときは、死がいちばん遠ざかったときだ。それは生きがいを失ったこと。そんなしあわせは、ぼくはほしくない。

いま、ほとんどの人間は毎日なんらかのむなしさを感じていると思う。そのむなしさはどこからくるのか。それは、まあなんとなく無難に、惰性的に過ごしているから、生活が保障されて、安全だからだ。

逃げ出さないで、死と対決すればいいんだ。そうすれば燃えあがって生きることができる。人間である以上、そういう確固たる姿勢がほしい。

死んだっていいじゃないか。死ぬことが怖かったらほんとうに生きることはできない。ただこの世の中に生まれてきたから、惰性で生きているというやつは、生きている意味なんかないよ。

いいかい、怖かったら怖いほど、逆にそこに飛びこむんだ。やってごらん。

時代を超えて魂を射ぬく。それが岡本太郎だ——構成者の言葉　平野暁臣

岡本太郎が世を去ってまもなく二十年。いまでは想像しにくいことだが、当時、太郎はなかば忘れられた存在だった。

晩節に、作品が見られない、本も読めない、顔も見えないという状況が続いたからだ。岡本太郎美術館も岡本太郎記念館もまだなく、本はほぼ絶版、メディアにも出ない。元気な頃にあれほど世間を騒がせ、知らぬ者のないアイコンだったのに、晩年は人々の話題にのぼることもなくなっていた。そのまま忘れ去られていてもおかしくなかった。

だが没後、せきを切ったように鮮やかな復活を果たす。

ふたつのミュージアムが相次いで開館、続々と出版が続いた。全国を展覧会が駆け

巡り、テレビや新聞で特集されることもしばしばだ。最近も、メキシコに埋もれていた巨大壁画『明日の神話』が再生を遂げ、全国で生誕百年事業が展開された。わずか十数年で状況は大きく変わった。

特筆すべきは、ムーヴメントの中心にいるのが二十代、三十代の若者だということ。いま起きているのは、偏見や先入観をもたない若い世代による岡本太郎の〝発見〟なのだ。リアルタイムで太郎を知らない若者たちが、思いがけなく「岡本太郎」と遭遇する。このエキサイティングな体験が、いかに新鮮で刺激的かは想像に難くない。

ぼくが館長を務める東京・南青山の岡本太郎記念館にも連日多くの若者がやってくる。

生きていることを確かめに来ました。エネルギーをもらいました。一歩踏み出す勇気が湧いてきた。血が沸騰した。オレもあんな眼になりたい。壁にぶつかったらまた来ます――。館内のスケッチブックには彼らが残した言葉が並ぶ。

若者たちはただ絵を見に来ているわけではない。太郎の気配につつまれ、太郎の息吹を感じながら「岡本太郎」と語らいたい。おそらくそう考えている。彼らにとって岡本太郎は単なる芸術家＝「芸術作品の制作者」ではない。視界にとらえているのは、作品の向こう側にいる、人間・岡本太郎だ。

＊

底流には〝岡本太郎という生き方〟への共感がある。

ルノワールやマチスとは認識の回路がちがうのだ。若者たちにとって岡本太郎は教科書で学ぶ「歴史上の偉人」などではない。これからの人生をともに歩んでいく「人生の伴走者」だ。太郎の存在はあくまで〝ライブ〟であって、ベクトルは過去ではなく未来を向いている。

もちろん、いま太郎が求められているのは偶然ではない。先が見えず閉塞感に覆われる時代だからこそ、岡本太郎が必要なのだ。どんよりと頭上にのしかかる分厚い雲を、太郎がスパッと切り裂いてくれる。不安にすくむ自分の背中を太郎がおしてくれる。そう感じているにちがいない。

さいわい「岡本太郎」とコンタクトするルートはたくさんある。太郎は絵を描き、彫刻をつくり、写真を撮った。プロダクト、グラフィック、壁画、建築、書、作陶、パフォーマンス――。太郎にとって種々の表現手段は搬送台車《キャリアー》のようなもので、それらを効果的に使いわけながら、独自の芸術思想を社会に送り出していった。

とりわけ重用したのが言葉だ。太郎ほど著作や執筆に情熱を傾けた芸術家はちょっといないだろう。ガラパゴス状態にあった日本の美術界を根底から揺さぶろうとした太郎にとって、言葉というキャリアーはじつに有効なツールだった。

伝統、文化、縄文、沖縄、メキシコ、スキー、男女の機微――、まじめな芸術論から軽妙なエッセイまで、テーマもジャンルもじつに多彩だ。だが、いずれも最後はひとつの命題に行き着く。

〝どう生きるか〟だ。

けっきょくのところ、岡本芸術とは〝岡本太郎という存在〟そのものであり、彼の生き方なのだとぼくは思う。職業はなにかと問われて「人間だ」と答えたのは、けっしてレトリックではない。それが岡本芸術の核心であり、そうとしか答えようがなかったのだ。

己れをつらぬけ、平気で闘え、自分のスジを守れ、マイナスに賭けろ――。

太郎は文章を通じて〝どう生きるか〟を公言し続けた。むろん理屈や評論ではない。ひたすら「オレはこうする」と言うだけだ。主語はすべて岡本太郎だった。

＊

それは生涯にわたって一貫していた。戦後まもなく日本で活動をはじめたときから死の瞬間を迎えるまで、価値観も、芸術思想も、人生哲学も、なにひとつ変わっていない。考え方も言っていることも、五十年ものあいだ、おもしろいほど変質していないのだ。

パリでつかんだ「岡本太郎」を一途にやり通した。〝岡本太郎という生き方〟をつらぬいた。それこそが岡本芸術だったからで、死ぬまでそれはブレなかった。

だから、いつ切ってもどこを切っても「岡本太郎」が出てくる。盟友・花田清輝が評したように、太郎はまさに金太郎飴であった。

公言した以上、もはや引っこみがつかない。黙っていればいいものを、宣言するから逃げられなくなる。

ノッピキならない立場に、自分を追い込まなければいけない。言ったばかりに徹底的に、残酷なまでに責任をとらなければなりません。言ったことが大きければ大きいほどそうなんです。

（『今日の芸術』光文社一九五四年）

岡本太郎のすごいところは、言ったことを、すべてそのままやってみせたことだ。自らの信ずる生き方を駆け引きなしで世間にさらし、それをそのまま自分の人生を賭けて実践した。純度百％の有言実行だった。

思ったことは言う。言ったことはやる。愚直なまでの言動一致。

そこがカッコいい。だから説得力がちがう。

こんな人は見たことがない。いまこそこういう生き方が大切なはずなのに、まわりの大人たちは打算と保身しか考えていないじゃないか。もしいま太郎が生きていたら。もし太郎みたいな人間になれたら――。

若者たちの気分はよくわかる。太郎の強く潔い生き方が眩《まぶ》しいのだ。

＊

当時からそうだった。現役時代、八面六臂のはたらきで世間を騒がせていた頃も、太郎の生き方は若者たちを惹きつけた。

一九七九年から一九八一年にかけて、太郎は『週刊プレイボーイ』(集英社)に「にらめっこ問答」を連載する。忙しい創作活動の合間を縫って十代~二十代の男の人生相談に答えていたわけで、こんなことは後にも先にもこのときだけだ。

話がもちこまれたときは「人生相談なんて甘ったれてくるやつはロクなやつじゃない。答えたって意味ないよ」と渋っていたらしい。だがいざはじまるとアクセル全開。恋愛、仕事、就職、友情、コンプレックス——。次々と寄せられる青春の悩みに対して、真剣に、瞬時に、ズバッと答えていった。

三十数年も前のことだから、時代にあわなくなったやりとりがないわけではない。だが、語られていることの大半は、いま読んでも古くない。それどころか、いまこそ読むべき内容だ。

同時代で太郎を知るぼくから上の世代には、岡本太郎は「奇抜な言動を売りものにしたエキセントリックな奇人」だと思いこんでいる向きが少なくない。だが、じっさいは逆だ。太郎はウケを狙って奇をてらったり、突飛な思いつきで衝動的に行動するタイプの人間ではない。

しかも太郎は、ほんとうのこと、まっとうなことしか言わなかった。頭にあるのはものごとの本質、根源、原点だけ。

それゆえに彼の言葉はすぐれて普遍的だ。打算や保険がまぶされていない純度の高さは尋常ではないし、揺るぎない信念には比類のない強度がある。いつまでも古くならないし、時代を超えて心に響く。

太郎の言葉にはウソがない。小賢しい計算がない。無責任な曖昧さがない。

だから強い。

＊

いまも読み継がれているベストセラー『自分の中に毒を持て』（青春出版社）もこの人生相談から生まれた。同書はこの「にらめっこ問答」の一部をベースに加筆構成されたものだ。残念ながら、「にらめっこ問答」そのものは、連載後に二分冊の書籍になったもののすでに絶版で、現在は手に入らない。

若者に向けて太郎がダイレクトに語った言葉たちを、このまま眠らせておくのはいかにも惜しい。岡本太郎の生の声を、いまを生きる若者たちに届けたい。その思いがこの本になった。

本書は「にらめっこ問答」を再構成したものだ。元々はおよそ三百にのぼる質問に個別に答えたものであり、形式もそのままQ＆Aなのだが、それらのなかからいまこそ読みたい言葉を抜粋し、あらたに構成し直して一冊の本に編んだ。いわば『自分の中に毒を持て』の続編である。

岡本太郎は群れなかった。師匠も弟子もつくらず、徒党を組むこともしなかった。岡本敏子というパートナーを唯一の戦友に、たったひとりで戦場に走り出て、最期までひとりで闘った。

ぼくたちだっておなじだ。一人ひとりみんなちがうし、だれもがひとりでもがいている。どう生きるかはひとりで考えるしかない。そんな孤独を抱える若者たちに、太郎は自分の生きざまをぶっつけた。その語り口はあくまで熱く、やさしい。岡本太郎と膝をつきあわせ、サシで語りあうつもりでこの本を読んでほしい。

弱いまま、ありのままでいい。失敗したっていいんだ。勝って結構、負けて結構——。

三十数年のときを経たいまも、太郎の言葉はぼくたちの胸にまっすぐ届く。先の見えない不安な時代だからこそ、ズシッと響く。いつのまにか自信が湧いてきて、誇らかな気持ちになれる。

考えてみれば、岡本太郎ほどシンプルな生き方をまっとうした男はいない。なにしろ行動原則はただひとつ。岡本太郎が岡本太郎をやり通す。それだけなのだから。

太郎は腹をくくって岡本太郎になった。そして死ぬまでそれをつらぬいた。死にものぐるいで岡本太郎という生き方に殉じた。そしてぼくたちに「岡本太郎」を遺《のこ》してくれた。

人間、だれでも、生きている以上はつらぬくべきスジがある。

岡本太郎はそう言った。次はぼくたちの番だ。

＊本書は『週刊プレイボーイ』（集英社）に一九七九年から一九八一年にかけて連載された
「にらめっこ問答」をベースに再構成し、二〇一四年小社より新書判で刊行されたものです。

岡本太郎（おかもと　たろう）
芸術家。一九一一年生まれ。二九年に渡仏し、三〇年代のパリで抽象芸術やシュルレアリスム運動に参加。パリ大学でマルセル・モースに民族学を学び、ジョルジュ・バタイユらと活動をともにした。四〇年帰国。戦後日本で前衛芸術運動を展開し、問題作を次々と社会に送り出す。五一年に縄文土器と遭遇し、翌年「縄文土器論」を発表。七〇年大阪万博で『太陽の塔』を制作し、国民的存在になる。九六年没。いまも若い世代に大きな影響を与え続けている。『今日の芸術』（光文社）、『強く生きる言葉』（イースト・プレス）、『自分の中に毒を持て』（青春出版社）ほか著書多数。

平野暁臣（ひらの　あきおみ）
空間メディアプロデューサー／岡本太郎記念館館長。一九五九年生まれ。岡本太郎創設の現代芸術研究所を主宰し、空間メディアの領域で多彩なプロデュース活動を行う。『明日の神話』再生プロジェクト、岡本太郎生誕百年事業のゼネラルプロデューサーも務めた。『大阪万博』『岡本太郎と太陽の塔』（小学館）、『岡本太郎の仕事論』（日経プレミア）、『世界に売るということ』（プレジデント社）ほか著書多数。

本文デザイン　田中彩里
カバー写真提供　株式会社美術出版社（酒井啓之撮影）

青春文庫

自分《じぶん》の運命《うんめい》に楯《たて》を突《つ》け

2016年 4 月20日　第 1 刷
2024年 1 月25日　第 7 刷

著　者　岡本太郎《おかもとたろう》
構成・監修　平野暁臣《ひらのあきおみ》
発行者　小澤源太郎
責任編集　株式会社プライム涌光
発行所　株式会社青春出版社

〒162-0056　東京都新宿区若松町 12-1
電話 03-3203-2850（編集部）
03-3207-1916（営業部）
振替番号　00190-7-98602

印刷／大日本印刷
製本／ナショナル製本
ISBN 978-4-413-09643-0

青春文庫のベストセラー

自分の中に毒を持て

あなたは“常識人間”を捨てられるか

岡本太郎

ISBN978-4-413-09010-0　467円

いま、生きる力

岡本敏子

ISBN978-4-413-09325-5　514円

※上記は本体価格です。（消費税が別途加算されます）
※書名コード（ISBN）は、書店へのご注文にご利用ください。書店にない場合、電話または Fax（書名・冊数・氏名・住所・電話番号を明記）でもご注文いただけます（代金引替宅急便）。商品到着時に定価＋手数料（何冊でも全国一律210円）をお支払いください。
〔直販係　電話03-3203-5121　Fax03-3207-0982〕
※青春出版社のホームページでも、オンラインで書籍をお買い求めいただけます。ぜひご利用ください。〔http://www.seishun.co.jp/〕